THE PALACE MUSEUM

故宫博物院

人一生一定要看的博物馆

陈晨◎主编

北京联合出版公司
Beijing United Publishing Co.,Ltd.

图书在版编目（CIP）数据

人一生一定要看的博物馆．故宫博物院 / 陈晨主编．
北京：北京联合出版公司，2024. 12（2025.7 重印）. --（少年游学）.
ISBN 978-7-5596-8022-8

Ⅰ. G269.1

中国国家版本馆 CIP 数据核字第 2024BM4928 号

人一生一定要看的博物馆
故宫博物院

选题策划：日知图书
出 品 人：赵红仕
项目策划：冷寒风
责任编辑：周　杨　管　文
项目统筹：宋正乔
文图编辑：王舟欣
文稿撰写：移　然
装帧设计：罗　雷
美术编辑：孙姝宁
图片提供：视觉中国　王　露

北京联合出版公司出版
（北京市西城区德外大街83号楼9层 100088）
天津市光明印务有限公司　新华书店经销
190千字　710毫米×880毫米　1 / 16　6.25印张
2024年12月第1版　2025年7月第3次印刷
ISBN 978-7-5596-8022-8
定价：34.00元

前言

博物馆收藏过去，但更关乎当下和未来

2024 年，在“5 · 18 国际博物馆日”中国主会场活动的开幕式上，国家文物局正式发布了 2023 年度中国博物馆事业发展最新数据。2023 年中国全年新增备案博物馆 268 家，全国备案博物馆数量达 6833 家；全年举办陈列展览 4 万余场、教育活动 38 万余场；接待观众 12.9 亿人次。我国博物馆以平均每年约 300 家的数量持续增长，总量已居世界前列。

逛博物馆已经在不知不觉中成为我们一种不假思索的选择，成为我们美好假日生活的一块不可或缺的拼图。博物馆里珍稀的古代遗存、奇妙的动植物标本吸引着我们，文明演进的痕迹、人类历史的缩影滋养着我们。

在博物馆里，你将看到古老的秘密如何被一一揭开，那些沉睡千年的文物，以怎样的姿态诉说着过往的辉煌；你将感受到古代大师们笔下那震撼人心的力量，每一幅画作、每一件雕塑都是那个时代的缩影；你还将领略到自然科学的神奇与伟大，从微小的细胞世界到浩瀚的宇宙星空，科学的魅力无处不在。

但博物馆的魅力远不止于此。它们还是连接过去与未来的桥梁，是不同文化交流的平台。在这里，不同肤色、不同语言的人们因为共同的兴趣与追求而相聚，共同感受人类文明的多样性与包容性。每一次展览，都是一次思想的碰撞与融合，激发着人们对美好生活的向往与追求。

因此，本书不仅仅是一本关于博物馆的参观指南，更是一本心灵洗礼与启迪之书。我们希望通过这些文字与图片，能够激发每一位读者对知识的渴望、对文化的尊重、对历史的敬畏。让我们一同走进这些博物馆，开启一场场精彩的探索之旅吧！

在接下来的旅程中，愿你能感受到历史的厚重、文化的深邃、科学的魅力以及人性的光辉。愿这本书能带你走近博物馆、走进博物馆，更能“读懂”博物馆。

目录

第一章 宫廷生活面面观

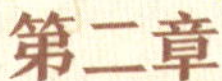

第二章

木结构建筑博物馆

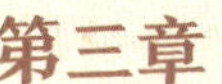

第三章

文物多宝阁

CONTENTS

跨越古今，生生不息

古老的北京中轴线沟通历史与未来，红墙黄瓦里凝聚古今智慧。从有形的画栋雕梁、文物珍奇，到无形的岁月与文明，让我们在故宫博物院遇见万里江山。

基本情况

故宫博物院通称“故宫”，旧称“紫禁城”。它成立于 1925 年，建立在明清两朝皇宫的基础上，是一座十分特殊的博物馆。这里不仅有明清时期的皇家宫殿，还有 180 余万件（套）珍贵馆藏。

故宫六百年大事记

一四〇六年 永乐皇帝朱棣下诏派大臣采木、烧砖，征发工匠、民工等，拉开了营建北京皇宫的序幕。

一四二〇年 北京宫殿竣工。次年正月初一，朱棣于奉天殿（今太和殿）接受朝贺，大宴群臣。

一九一四年 北洋政府将奉天（今沈阳）故宫、热河（今承德）避暑山庄收藏的古物运至北京故宫，成立古物陈列所，并对公众开放。

一九二五年 十月十日，故宫博物院正式宣告成立。

一九三三年 日军进逼山海关一带，危及北平，故宫博物院着手将文物分批南迁至上海暂时存放，后又迁至南京存放。

一九六一年 故宫被列入第一批全国重点文物保护单位。

一九八七年 故宫被联合国教科文组织世界遗产委员会列入世界遗产名录。

二〇二〇年 故宫迎来六百岁生日。

明清帝王世系

明

1368 洪武 朱元璋

1399 建文 朱允炆

1403 永乐 朱棣

1425 洪熙 朱高炽

1426 宣德 朱瞻基

1436 正统 朱祁镇

1450 景泰 朱祁钰

1457 天顺 朱祁镇

1465 成化 朱见深

1488 弘治 朱祐樘(chēng)

1506 正德 朱厚照

1522 嘉靖 朱厚熜(cōng)

1567 隆庆 朱载垕

1573 万历 朱翊钧

1620 泰昌 朱常洛

1621 天启 朱由校

1628 崇祯 朱由检

清

1616 天命 爱新觉罗·努尔哈赤

1627 天聪
1636 崇德 爱新觉罗·皇太极

1644 顺治 爱新觉罗·福临

1662 康熙 爱新觉罗·玄烨

1723 雍正 爱新觉罗·胤(yìn)禛

1736 乾隆 爱新觉罗·弘历

1796 嘉庆 爱新觉罗·颙琰(yóng yǎn)

1821 道光 爱新觉罗·旻(mín)宁

1851 咸丰 爱新觉罗·奕詝(zhǔ)

1862 同治 爱新觉罗·载淳

1875 光绪 爱新觉罗·载湉(tián)

1909 宣统 爱新觉罗·溥仪

第一章

宫廷生活面面观

GONGTING SHENGHUO MIANMIANGUAN

庆典 教育 政务

原状陈列是故宫博物院的一种独特展览类型。在太和殿、中和殿、保和殿、乾清宫、交泰殿、坤宁宫、养心殿、储秀宫等古建筑内，研究人员依据历史档案记载，精心还原了明清时期的宫廷陈设。此类展览中的每一件陈列品，无论是珍贵的文物，还是制作考究的复制品，都与古老的建筑相得益彰，向世人展示着厚重的历史文化及宫廷生活的点滴。

宫俗
服制
起居
游玩行乐

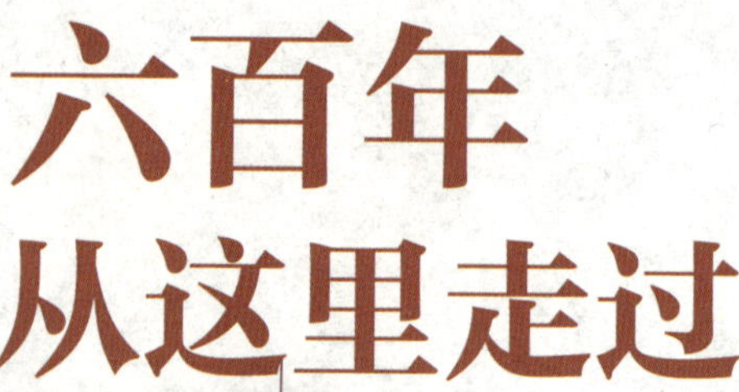

六百年 从这里走过

清晨的阳光穿透薄雾，在一片金光闪烁中，六百岁的故宫又迎来了新的一天。这座曾经对普通百姓来说遥不可及的帝王之城，如今敞开了怀抱，等待我们推开朱红色的大门，走进时光的长廊……

天安门外“望君归”

要去逛逛故宫，总得先从天安门开始。面对天安门城楼，会看到五个门洞，与之呼应的有五座汉白玉石桥，叫“金水桥”。明清时代，金水桥中间最宽广的御路桥专属于皇帝；它两侧的王公桥，仅皇亲国戚能踏足；最外侧的品级桥，则供三品以上的大臣行走。这五座汉白玉石桥，可以说是古代封建等级制度的一个缩影。向金水桥两旁望去，收入眼帘的是巍然矗立的华表。华表顶端朝南蹲着一只小神兽，名叫“犼（hǒu）”。

相传，华表起源于谤木——上古贤君舜帝为收集百姓谏言而在路旁设立的木牌。

天安门华表

北京中轴线

北京城的中轴线，以紫禁城为中心向南北延伸，南至北京外城永定门，北至钟楼北侧城墙，构成了全长7.8千米的世界最长城市轴线。2024年“北京中轴线——中国理想都城秩序的杰作”成功列入《世界遗产名录》。

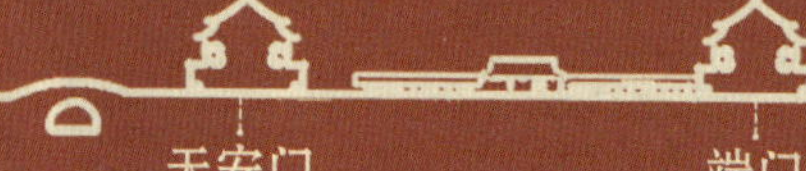

鸟瞰天安门

最后的诏书

1912 年，隆裕太后在养心殿颁布宣统皇帝溥仪的退位诏书，标志着清朝统治的覆灭。

在上古神话中，犼性格凶残，喜欢登高望远，但经过文化的洗礼，它变成灵兽“望君归”，提醒外出的皇帝，要记得回来料理国事。而在天安门后面的一对华表上，朝北蹲着神兽“望君出”，时时提醒皇帝在宫廷中所看不过是四方的天，所听不过是群臣之言，外面的百姓过得如何还须出去亲身感受。

从天安门到端门

明清时，天安门以北、地安门（1955 年拆除）以南为皇城，午门之内为紫禁城，午门东西两侧各有一扇门通往太庙（今劳动人民文化宫）和社稷坛（今中山公园），形成“左祖右社”的布局。端门是明代紫禁城的正门之一，如今被改造为新型数字展厅，将故宫丰富的文物和深厚的历史文化展现于数字世界中。穿过端门，这才抵达故宫博物院的入口——午门。

故宫中轴线

紫禁城从南到北的中轴线建筑依次为午门、太和门、前朝三大殿（太和殿、中和殿、保和殿）、乾清门、内廷后三宫（乾清宫、交泰殿、坤宁宫）、坤宁门、御花园、神武门，在紫禁城总体规划中处于极其重要的地位。

午门盛景，皇城气象

检票“进宫”前，不妨先在午门外停留片刻。古人用十二地支表示十二时辰，其中“午”是太阳在天空正中的时辰，它同时还代表正南方位。居中向阳、位当子午的午门，与神武门、东华门、西华门分别“守卫”紫禁城的正南、正北、正东、正西四个方位。

◀过去，午门正中的门洞为皇帝专用。此外，只有大婚时皇后能乘喜轿从这儿进宫；殿试选拔后，状元、榜眼、探花可以从此走出一次，强调文治天下。

让我们试着玩一个连线游戏，从天安门到午门画一条直线，并一直向南、向北延伸，紫禁城乃至整个北京城的中轴线便跃然纸上。如同顶天立地的人一般，紫禁城以中轴线为“脊梁”向东西两侧舒展开来，形成一个方方正正的对称格局，其中无处不暗含皇家礼制。

◀正中门楼两侧为钟鼓亭，皇帝出午门祭太庙时击鼓，祭社稷时鸣钟，举行大典时钟鼓齐鸣。

午门正面有三个门洞，但通过午门后再回头看，会发现门洞变成了五个，俗称“明三暗五”。这是因为掖门内的通道在墩台内部拐了个弯，所以从正面看不到它们。明代规定，午门中央为帝门，两侧分别为左、右王门，百官上朝时则从左、右掖门出入。掖门等级较低，因此其门钉比中央三门少一列。

午门

“午门斩首”是真的吗？

人们都很熟悉“推出午门斩首”这句话，实际上明清时午门从未被当作砍头的刑场。不过，明朝大臣在午门承受廷杖则确有其事。

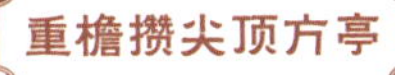

重檐攒尖顶方亭

▼午门的墩台上，正中有一座门楼，左右两翼伸出的廊庑（wǔ）俗称“雁翅楼”。廊庑两端又各有一座方亭，左右呼应、高低错落，犹如朱雀展翅，所以午门有“五凤楼”之称。

阴阳五行说

古代中国人信奉“阴阳者，天地之道也”。这一理念将奇数、正数归为阳，偶数、负数归为阴，体现在皇宫的整体布局上，帝王处理政务的前朝区域反复出现三、五、九等奇数，如午门的“明三暗五”门洞等；与之相对应，后宫区域则多用偶数，如东六宫、西六宫等；而在建筑命名方面，乾与坤、日精与月华等对偶的字词，则强调阴阳相应、彼此调和。

再看午门，其平面呈“凹”字形，沿袭了自汉代发展而来的门阙形制。而以两侧太庙、社稷坛的北墙为界，又能构建起一个与午门相合的“凸”字形空间。午门既是阴阳相济这一意象的实体，又以“面阔九间、进深五间”达到了古代殿堂中“九五之尊”的最高等级，还兼具防御、立威、装饰、礼仪等多重含义，是整个紫禁城中最具威仪的大门。

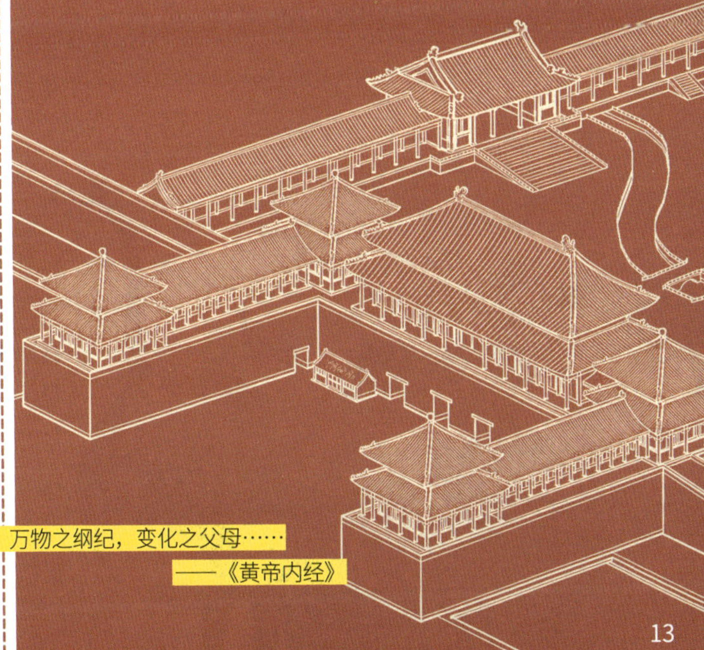

阴阳者，天地之道也，万物之纲纪，变化之父母……

——《黄帝内经》

宫廷盛典，普天同庆

穿过午门，哪怕你已将历史的钟鼓声抛到脑后，眼前开阔的太和门广场、广场尽头的巍峨宫门以及古老沧桑的石板路，又将提醒你：这座宫城中最为隆重的典礼背后的故事，即将揭晓。

三大殿

太和殿　中和殿　保和殿

高台上的“紫禁之巅”

从功能上看，紫禁城可分为前朝、后寝两大区域。前朝即群臣朝见天子的场所，由中轴线上的三大殿及分列于左右两翼的文华殿、武英殿组成。穿过太和门，能远远看到伫立于中央三层高台之上的太和殿。它是紫禁城内最大的殿堂，亦是象征皇权的金銮殿，明清两朝皇帝在此举行隆重典礼。大殿前的广场可容纳十几万人，恢宏之态可见一斑。

高台四周伸出的螭首多达上千个，位于各转角处的较大，上面龙鳞、龙须清晰可见。

如果碰巧遇上下雨，也没什么可沮丧的——三大殿的三层基座边缘有很多用于排水的石雕螭首（螭，上古神话中龙的九子之一），一旦暴雨如注，螭首嘴里的小孔就开始吐水，形成三层巨大的水帘，人称“千龙吐水”。拾级而上，太和殿前宽阔的

铜鹤

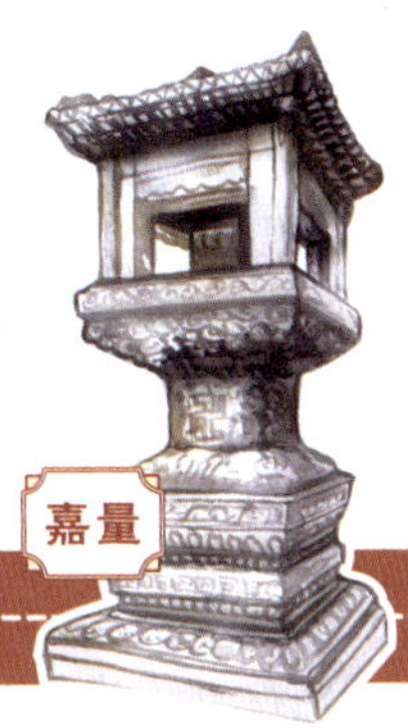

平台被称为“丹陛”，台上两侧分别陈设嘉量和日晷（guǐ），嘉量是包括5种容量单位的古代标准量器，日晷是古代计时器。将这两件重器陈设在大殿前，是皇帝希望宣告天下：端坐于宝座之上的，是可以支配万物乃至时间的“真命天子”。

日晷

何为金銮殿

太和殿始建于明永乐十八年（1420），称“奉天殿”，嘉靖四十一年（1562）改名为“皇极殿”；清顺治二年（1645）改名为“太和殿”。在明清两代的漫长岁月中，这座大殿屡遭焚毁，历经数次重建。如今我们看到的太和殿是清康熙三十四年（1695）的形制。作为故宫最尊贵的大殿，太和殿的装饰与陈列自然要极尽奢华以凸显皇帝的至高无上，因此，其屋顶檐角上的神兽达到十只之多。而在殿内，无论是正中的髹（xiū）金漆云龙纹宝座，宝座旁围绕的宝象、甪（lù）端、仙鹤、香亭，还是在苏州御窑烧制了130天的“金砖”，都在告诉来往游客，曾经坐在这里的人，一句话便有千钧之重。

殿内的匾额“建极绥猷（suí yóu）”，指天子既须承天而建立法则，又要抚民而顺应大道。

太和殿内景

太和殿里的地砖润泽古朴、颜色青黛，被称作“金砖”是因为它敲起来发出的声音像金属，且造价高昂。

探秘帝王之宴

无论是皇帝的登极、大婚、寿辰，还是各方才子的殿试、将领出征前的激励大会，以及庆祝元旦、冬至等重要活动，都要在太和殿举行仪式。这些盛大典礼通常在天将明时开始，届时，午门钟鼓齐鸣，太和殿檐下奏乐，殿内外烛火辉煌，鼎炉、铜龟、铜鹤中点燃香料，香雾飘散，烘托出典礼庄重而神圣的氛围。

喜事临门

紫禁城中最盛大的喜宴莫过于婚宴与寿宴。要想感受帝后大婚的喜庆氛围，坤宁宫是必访之地。坤宁宫在明代是皇后的寝宫，到清代则主要用作帝后的大婚洞房和萨满祭祀场所。坤宁宫东暖阁内各处装潢都烘托出喜庆的氛围——大红地金色双“喜”字木影壁寓意“开门见喜”，屋内宫灯、喜床、炕褥等随处可见龙凤、双喜与百子图案。这是故宫博物院按照清代皇帝大婚时的档案记载布置的原状陈列。

硬木雕龙凤双『喜』字纹桌灯 清

▼帝后要在龙凤喜床上共进子孙饽饽（即饺子）、长寿面，寓意佳偶长久。

坤宁宫东暖阁内景

交泰殿内景

“无为”二字取无为而治之意。

正中陈设皇后宝座。

清乾隆年间，这里曾用于存放二十五宝玺，即由乾隆皇帝指定，代表皇帝权力的二十五方御用印玺。

万岁千秋

皇帝和皇后的生日，分别称为“万寿节”和“千秋节”，清宫中万寿节是与元旦、冬至并列的重大节日。特别是在花甲、古稀、耄耋（màodié）之年，庆典更为隆重，且不局限于皇宫内，整个京城都张灯结彩，沉浸在喜庆气氛中。康熙帝、乾隆帝更是创立了一种与臣民聚餐同乐、共享盛世的独特庆祝形式——千叟宴。康熙六十一年（1722），69岁的康熙帝在新年朝贺礼后的几天里，于乾清宫前设宴招待65岁以上的文武大臣等，共计超过千人，于是这场宴会被命名为“千叟宴”。后来，乾隆帝又两度举办千叟宴，规模最为宏大的一场，参加宴会的人总数超过八千人。

至于皇后的千秋节，自明代起就只限于在宫内举行庆贺仪式，无群臣朝贺环节。清代千秋节，皇后要先向皇太后、皇帝行礼，然后升座交泰殿接受宫中女眷拜贺，再至内廷举办千秋宴。

笃学、勤政都很重要

乾清门广场是外朝与内廷的过渡空间。乾清门内虽是帝后的生活区，却仍有无数关乎国脉民生的政事等待皇帝决断。

皇子也要刻苦学习

乾清门是清朝御门听政的地点，每天拂晓，皇帝都要在此接受文武官员朝拜，处理政事。康熙帝即位后，从亲政到去世，除生病、节假日和一些重大变故之外，始终勤于政务，极少落下听政这一工作。康熙帝不仅对自己严苛，还特地在乾清宫东南侧的庑房内设上书房，作为皇子们开蒙读书之处，随时关注他们的学习情况。

皇子们从六岁起就要拜师入学，每天从早晨六点学到下午四点左右，除了重要节日和自己的生日外，几乎没有假期。为全面提高治世才能和文化艺术修养，他们的课表上除满文、汉文、蒙文三门语言和经史、辞章、诗赋外，还有书画和历算。另外，皇子们学习的场所不局限于课堂，他们平日还要学习骑射，掌握各种火器的用法。皇帝外出围猎，经常让皇子们随行，一方面考核他们的骑射功夫，另一方面让他们进行实践锻炼。

皇帝爱书的方式有几种？

1 刻书

武英殿从清康熙朝开始成为皇家出版机构，乾隆年间制作了25万多个木活字。乾隆帝命武英殿精选并刊印了《永乐大典》里的百余种书籍——御赐名《武英殿聚珍版丛书》，这是中国历史上规模最大的木活字印刷工程。

▼《武英殿聚珍版程式》一书从理论上概括总结了古代活字印刷的工艺流程。

2 藏书

文华殿区域的文渊阁是清宫藏书楼，专贮收录了乾隆中期以前的3500多种重要著作的《四库全书》。喜爱古籍的大臣，经皇帝允许也能到阁中阅览。

文渊阁

3 请人讲书

经筵和日讲是儒学大臣为皇帝讲读经史的活动。清乾隆以后，经筵停止，后又在咸丰年间恢复。日讲重在知识传授，几乎每日都会进行。

“一年无日不看书”印

清 乾隆

乾隆帝的御用闲章之一。

“正大光明”的秘密

乾清宫内景

上书房提供了最优质的教育资源，却不能阻止康熙帝晚年皇子间围绕储位爆发的激烈斗争。在这场“九子夺嫡战”中，皇四子胤禛最终获胜成为皇帝，年号雍正。这几十年不断的尔虞我诈，使得雍正决心改进立储制度，并提出“秘密建储”这一全新方案——彻底抛开嫡庶长幼观念的束缚，综合考察皇子们的表现，从中择优选取一人，并由皇帝亲笔写下两份立储密诏密封于锦匣内，一份带在身边，另一份则置于乾清宫“正大光明”匾后面。等到天子驾崩，再由顾命大臣在众人的见证下取出“正大光明”匾后的密诏，与皇帝带在身边的那份比对，确认无误后当众宣布继任者。正因为每位皇子都有机会被选中，所以他们必须努力进取，形成了良性的激励与竞争氛围，由此避免争储的血雨腥风。

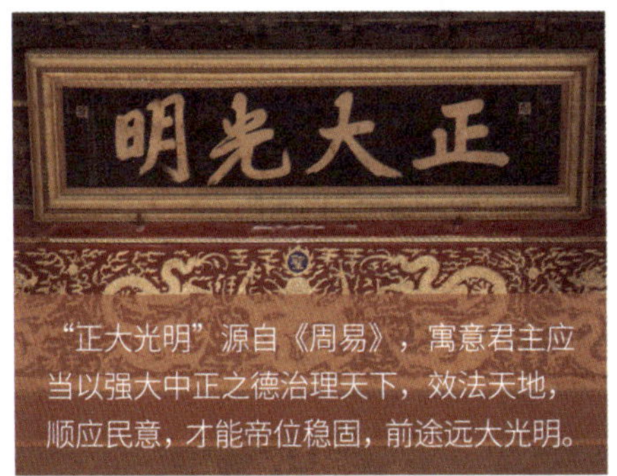

“正大光明”源自《周易》，寓意君主应当以强大中正之德治理天下，效法天地，顺应民意，才能帝位稳固，前途远大光明。

雍正帝搬进了养心殿

乾清宫是紫禁城内廷诸宫殿之首，明代自朱棣以来先后有十四位皇帝在此居住，红丸案、移宫案全都发生在这里。而位于乾清宫西侧的养心殿，清康熙年间还是宫中造办处的作坊。康熙帝去世后，雍正帝便在此为父亲守孝，这一守就是两年多，养心殿从此取代乾清宫成了一座政寝合一的宫殿。在这儿“办公”的十三年里，雍正帝每天都要审批数以万字的奏折，堪称大清国头号“工作狂”。

养心门

现存雍正年间的汉文奏折约三万五千件、满文奏折近七千件，雍正帝每天的阅读量可想而知。至于回复量，每道奏折最少也要写个“览”字表示看过了，琐碎小事要写“知道了”，心血来潮时更是洋洋洒洒成百上千字。虽然平时给人严肃泰然的印象，但雍正帝的奏折朱批里，“朕就是这样汉子，就是这样秉性，就是这样皇帝”“你这汉子人品，血战功劳，当务为国家大器，岂可屈身人下”等口语化的生动表述，却展示了他率直豪迈的一面。

雍正帝朱批

《雍正帝读书像》轴 清

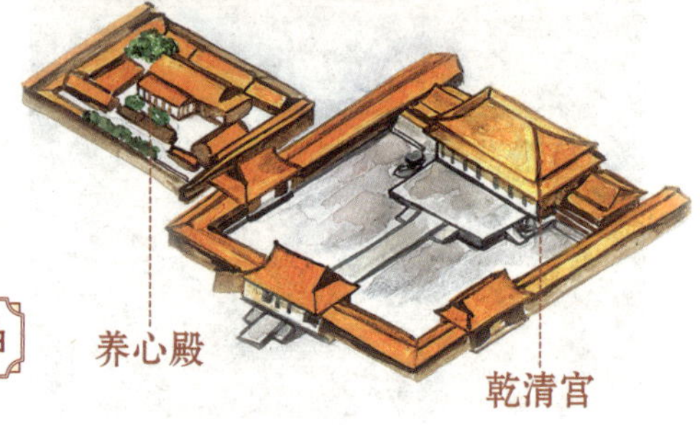

养心殿西暖阁是皇帝看奏折，与大臣密谈的房间，悬挂“勤政亲贤”匾。雍正至咸丰时期，皇帝常在这儿召见军机大臣。

▼现在这儿仍保留着慈安、慈禧垂帘听政的原状陈设，布帘前后分别是年幼皇帝的宝座和太后的宝座。

养心殿东暖阁原是皇帝休憩和每年举行开笔仪式的地方。清晚期，慈安、慈禧发动“辛酉（yǒu）政变”后揽握王朝的统治大权，此处便成了太后垂帘听政的场所。

◀墙上挂着的壁瓶里插着宝石花。

与西暖阁相连的三希堂为乾隆皇帝的书房，因收藏《快雪时晴帖》《中秋帖》《伯远帖》三件稀世墨宝而得名。

养心殿内景

养心殿前殿正中设宝座、御案和屏风，上有藻井。

◀“苟日新，日日新，又日新。”意思是要始终保持每天有新的进步。

养心殿后殿为皇帝寝宫，东稍间的床上悬“又日新”匾。

▶宝座上方高悬雍正御笔“中正仁和”匾，提醒帝王要中庸正直、仁爱和谐。

紫禁城里逢佳节

每到一年的冬至正午，乾清宫悬挂的“正大光明”匾便会被地面反射的阳光逐字照亮，这奇妙的景象不仅显现出古代匠人的用心，也宣告着新年渐渐近了。

清宫年俗复原场景

▶万寿灯的高度在十米以上，四周悬挂八幅灯联和成串的花灯。

万寿灯

再现宫廷年味儿

农历新年对于所有中国人来说都十分重要，那在几百年前的紫禁城里，皇帝和他的家人、臣子是怎样辞旧迎新的呢？要回答这个问题，我们就得去乾清宫外看看了。

乾清宫丹陛上下各有一对灯座遗存，它们曾经承载的就是清代宫廷过年最盛大的活动之一——立天灯、万寿灯。据记载，天灯与万寿灯装饰精美，且需固定在高大的灯杆之上，从竖立到撤去，前前后后需要相当多的人手。在 2019 年故宫博物院举办的“贺岁迎祥——紫禁城里过大年”特展中，研究人员不仅根据史料复原了天灯与万寿灯，将它们重新竖立在乾清宫丹陛上下，还使用上千件复原的宫灯、春联、门神等装点紫禁城，让这座昔日的皇宫再次洋溢浓浓的年味儿。

▼人们把新年前后悬挂在高处，彻夜通明的灯盏，称为“天灯”。

天灯

这一特展汇集了御笔“福”字、金瓯（ōu）永固杯等八百多件与过年有关的文物。通过这些故宫珍藏，我们可以找寻到哪些属于中国年的文化记忆呢？

“迎新”序曲——写“福”字

腊月初一，开笔书福仪式后，皇宫里就开始准备过年了。从康熙帝开始，清朝皇帝就有亲笔书写“福”字的习惯。皇帝用“赐福苍生”笔写好的第一个“福”字要贴在乾清宫正殿，其他的则张贴在后宫、御花园等处，还有一些则赏赐王公大臣等。随后，准备腊八粥、祭灶、安灯、贴春联……宫中要一直忙碌到除夕。

雍正帝御笔“福”字 清 雍正

宫灯（复原品）

年尽岁除，万象更新

正月初一子正（零点）一到，就是新一年的开始。皇帝要在养心殿东暖阁明窗处，饮屠苏酒，举行开笔仪式，书写“天下太平”等吉祥语。乾隆帝专为明窗开笔仪式定制了三件器物：玉烛长调蜡台，寓意新的一年风调雨顺；万年青毛笔，寓意国家基业万年；金瓯永固杯，则蕴含皇帝对江山永固的期望。

金瓯永固杯 清 乾隆

▶整个杯体金光灿灿，奢华至极。杯身使用点翠工艺，并镶嵌有许多大小不等的珍珠、蓝宝石和红宝石，三足为长牙卷鼻的象首样式，口沿錾刻篆书“金瓯永固”四字。

刺绣荷包 清

▲过年时，皇帝也会发“红包”，将装着金豆儿、珍玩的刺绣荷包送给家人、宗族成员、大臣等，称为“馈岁”。

天将明时，文武百官在午门外集合，皇帝则在中和韶乐声中前往太和殿，接受百官朝贺。各种典礼结束后，皇帝才能回到乾清宫，与家人欢聚一堂，共享家宴。一道道佳肴美馔、一幕幕吉祥热闹的戏曲、一盏盏装饰华美的彩灯，烘托着过年的喜庆气氛，也营造出一派太平盛世的景象。

深宫高墙里的她世界

在“后三宫”两侧，自南向北整齐地排布着十二座宫殿，构成了明清两代后妃的居所——东西六宫。这是无数宫闱秘史的发生地，是属于“她们”的紫禁城。

后宫格局一览

故宫内廷中轴线东西两侧各设六宫，均始建于明永乐十八年（1420），在清咸丰九年（1859）以前，各宫布局基本相同。咸丰九年，咸丰帝将西六宫的启祥宫、长春宫连通，后来又改称启祥宫为“太极殿”。到了光绪年间，慈禧又将西六宫的翊坤宫与储秀宫连通。于是，西六宫就成了我们今天看到的样子。

西六宫的储秀宫、长春宫等处均有宫廷生活原状陈设，而东六宫的钟粹宫、景仁宫、永和宫等则被改造为艺术品陈列馆或主题展览馆。

西六宫

1 太极殿

最初名为“未央宫”，嘉靖年间更名为“启祥宫”，咸丰年间与长春宫相连形成四进院，清晚期改称“太极殿”。

2 长春宫

慈禧垂帘听政时在此居住多年。院内走廊的墙壁上有18幅以《红楼梦》为题材的巨幅壁画，场景细致逼真，仿佛要引领观看者走进大观园。

3 咸福宫

建筑形制高于西六宫中的其他宫殿，且与东六宫中位置对应的景阳宫形制相同。

4 永寿宫

它的历任主人中，命运尤为坎坷的是明孝宗朱祐樘的生母纪淑妃。

5 翊坤宫

翊坤宫在前，储秀宫在后，两座正殿的台基下分别陈设一对铜凤、一对戏珠铜龙，形成凤在前、龙在后的格局。

6 储秀宫

明清时的妃嫔所居。原名“寿昌宫”，明嘉靖十四年（1535）改称“储秀宫”。

东六宫

2 承乾宫

紫禁城中最著名的梨花就在承乾宫前院。春天，梨花竞相开放，洁白如雪，与紫禁城的红墙黄瓦相映成趣。

1 景仁宫

康熙帝在此出生。院内有石影壁一座，相传为元代遗物。现为专门陈列捐献文物的展馆，以“景仁榜”铭记曾向故宫捐赠文物的爱国人士。

3 钟粹宫

明代一度用作皇太子宫，到清代则专门作为后妃居所。清代咸丰帝的孝贞显皇后（慈安）曾久居于此。

4 延禧宫

在清道光二十五年（1845）的一场大火中被烧毁，只剩宫门。宣统元年（1909）在原址上兴建西洋式建筑“灵沼轩”，因为国库空虚、清朝覆灭等原因并未完工。如今，宫中仍保留着当时的铁架。

6 景阳宫

明代为妃嫔居所，清代改为皇帝藏书、读书的地方。

5 永和宫

院中有两棵爬满紫藤的古柏，每逢紫藤绽放，便出现枯木逢春的景致。

权力与美，极尽精致

储秀宫是西六宫中最为有名的一座宫院。清代同治、光绪朝实际上的最高统治者慈禧，初入紫禁城时便被安排在储秀宫居住，而她的儿子同治帝也在储秀宫降生。于是，五十寿辰时，她再次移居储秀宫，并将她当年诞下龙子的后殿命名为“丽景轩”。

▶储秀宫暖阁的床上张挂的帐子、铺的锦被，都是苏州匠人精心织就的绣品。

▶丽景轩曾被清代的最后一位皇帝溥仪改为西餐厅。

作为一名女性统治者，慈禧的日常生活也要与帝王一般，处处显示王者的尊贵。于是，她比照丈夫咸丰帝改造长春宫的模式来布置自己的宫殿。为此，宫中花费了63万两白银来对储秀宫进行装修。

储秀宫前安设的戏珠铜龙与铜梅花鹿是慈禧五十大寿时铸造的。

漫步在储秀宫院内，随处可见以“寿”为主题的装饰，如回廊墙上镶贴的众臣为祝慈禧太后寿辰所作的琉璃《万寿无疆赋》、正殿窗上寓意长寿的万字团寿纹、楠木隔扇门裙板上雕刻的寓意吉祥福寿的“五蝠捧寿”图案等。

铜镀金犀牛驮梳妆镜表

▶这件梳妆匣以铜镀金犀牛为足，顶端有钟表，梳妆匣里装有香水瓶、剪刀、眉笔等化妆用具。

象牙镂雕群仙祝寿图龙船

清

◀这件龙船摆件是慈禧六十寿辰时大臣进献的贺礼。其制作十分精细，不仅雕梁画栋，楼阁中还有王母、众天女、八仙、福禄寿三星，以及船夫、乐手等共计 42 个人物，是晚清牙雕工艺品中的典范之作。

透过玻璃窗向殿内看，储秀宫的内部装饰与陈设更清晰地展现出慈禧的喜好与审美。配有寿字镜心屏风、宫扇与香几的宝座首先映入眼帘，宝座上方悬挂慈禧太后亲笔所书“大圆宝镜”匾。

东、西侧的起居室里，玻璃隔扇与花梨木透雕落地罩采用竹枝、玉兰、缠枝葡萄图案。最西侧的玻璃隔断内即慈禧的寝室，床上张挂的五彩苏绣帐子、炕几上的铜镀金犀牛驮梳妆镜表等，种种精巧而华丽的装饰，无一不展现出她对美的极高要求。

花梨木透雕缠枝葡萄八方罩

服饰是身份地位的象征，更是中华传统礼制的组成部分。那些巧妙隐藏在衣领与袖口中的故事，无不诉说着帝王的尊严；那些华贵精美的刺绣，每一缕都捻入了至高无上的权威。

礼制与时尚，清宫服饰灵感穿搭

藏于美国大都会艺术博物院

豹

鹤

麒麟

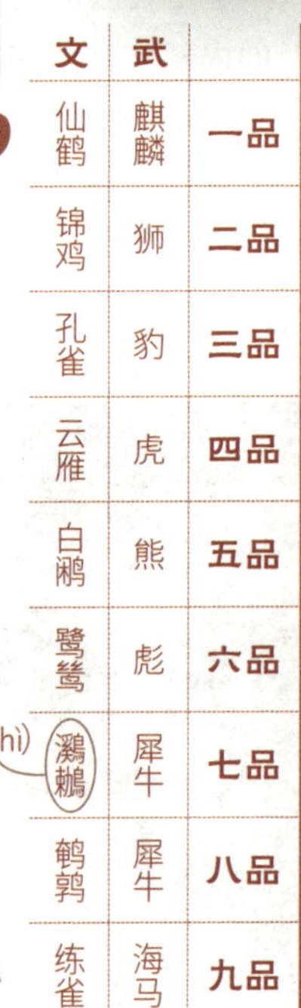

品级与纹样对照

文	武	
仙鹤	麒麟	一品
锦鸡	狮	二品
孔雀	豹	三品
云雁	虎	四品
白鹇	熊	五品
鹭鸶	彪	六品
鸂鶒（xī chì）	犀牛	七品
鹌鹑	犀牛	八品
练雀	海马	九品

白鹇（xián）

冠服制度，上下有序

在等级森严的中国古代社会中，服饰就是等级最为直观的外在反映。早在上古时期，黄帝、尧、舜“垂衣裳而天下治”，服饰就被赋予了浓厚的政治色彩和礼制意义。清代的服饰制度更为严格，繁复到极致。

满族原本生活在苦寒的东北，他们的服饰以保暖、便于骑射为特点。随着清政权的建立，在保留鲜明的满族特点的同时，清代宫廷逐渐采纳汉人传统服饰的观念，以麒麟、狮子、豹等纹样来表示不同的官职等级；对服装的颜色和纹饰作明确规定，如普通人不能擅自穿黄缎以及有五爪、三爪龙图案的服装等。

清代的服饰等级可分为三级：第一级为帝位级，主要指皇帝和后妃的服制；第二级为爵位级，包括皇子、亲王、郡王、贝勒等皇亲贵族；第三级为官位级，包括一品到九品的各级官员。不同级别的服饰在用料、款式、色彩、纹样和配饰五个方面都有严格的规定，所有人都要按照级别穿相应服饰，不得僭（jiàn）越。

帝王衣橱揭秘

皇帝的衣橱里有什么？出席正式场合穿着的礼服，日常穿着的休闲服，下雨时穿的雨衣，是不是都必不可少呢？的确如此，清代皇帝的服饰，按照功能划分主要有礼服、吉服、行服、常服、雨服等。礼服是皇帝在祭祀、朝会大典等重大活动中穿的服装，服制最为复杂。吉服的等级略低于朝服，是皇帝在吉庆典礼中所穿的服饰。行服和常服是皇帝的日常服装。外出巡幸、狩猎时穿行服；平日所穿的为常服，基本款式与吉服无异，但颜色、花纹由皇帝自己选择。雨服于雨雪天气穿着，用毡子、羽毛纱和油绸制作，可防水。

《乾隆皇帝朝服像》轴

清 乾隆

青玉十二章璧

明

藏于台北故宫博物院

◀十二章是古代帝王礼服和吉服上的十二种装饰纹样，传说始于舜禹时代，象征帝王的品行风范。

雍正帝的“奇装异服”

故宫收藏的《胤禛行乐图》册描绘的雍正帝，如闲云野鹤般自由自在，与朝服像上他正襟危坐的样子截然不同。在图册中，他所穿的或是汉族服饰，或是袈裟、道袍，甚至还有洋装。

皇帝袍服的制作工序繁复，需要先由内务府的画师精心绘制“设计图”，得到皇帝或内务府大臣批准后发往江宁（今南京）、苏州、杭州三处织造局。江宁织造局负责织造御用云锦，苏州织造局负责绸、纱、缂丝、苏绣等，杭州织造局负责绸、绫、罗等。一套龙袍的制衣工序中，合计需近千人，大概要花费上千两白银。如此重工制作，赋予服装象征意义及不凡的工艺价值。

金镂空蝠寿扁方

清

▲扁方是满族妇女的头饰，也是她们梳“两把头”时用来固定头发的主要工具。这件扁方镶嵌着宝石雕刻的“富”“贵”“吉”“祥”四字，满含着幸福延绵无边的祝愿。

结珠铺翠，鬓间风华

“足下蹑丝履，头上玳瑁光。腰若流纨素，耳著明月珰。”在古代女子的衣帽间里，除各色华美衣裙之外，更引人注目的自然是那熠熠生辉的珍宝、首饰。步入清朝后宫，独属于皇后和嫔妃们的珠钗簪环用料考究、工序繁多，所用金银珠宝的数量难以计数，在等级上也同服饰一样受到严格、详尽的规范。首饰，不仅是后宫女性的装饰，更是她们身份、地位及所受礼制规训的象征。

◀清朝皇后在冬季的重大庆典上需穿冬朝服，佩戴冬朝冠。其冠顶有三只金累丝凤凰，顶端镶嵌着一颗硕大的东珠。朱红色的缨穗上有金累丝凤凰七只，点缀东珠与猫睛石，尽显皇家气派。

貂皮嵌珠皇后冬朝冠

清

金镶宝石蜻蜓簪 清

◀这支簪子采用金累丝工艺塑造蜻蜓形态，取“大清安定”的谐音寓意。其触须尖端镶嵌着圆润的珍珠，腹部与翅膀上镶嵌五颗红宝石，细长的尾部及飘带部分则采用点翠工艺。

▼钿子是后妃等贵族妇女佩戴的一种便帽。制作钿子，通常以藤丝编成帽架，或用黑色丝线缠绕于细铁丝上，编成方格纹、钱纹等形式，再以珍珠、宝石进行装饰，组成各种寓意吉祥的图案。

银镶珊瑚领约

清

▲领约是用来约束衣领的装饰物，佩戴好后走动、行礼都要讲究分寸。此领约可以开合，圆环上镶有六块红珊瑚，外层包裹的点翠双喜字上缀有红宝石与碧玺。绦带上有红珊瑚结、红珊瑚坠角及十组喜字穿珠。

点翠嵌珠宝五凤钿（diàn） 清 光绪

▶在清代，朝珠是显示身份和地位的重要标志之一，使用朝珠有十分严格的规定。其中以东珠朝珠等级最高，只有皇帝和皇后、皇太后在宫中举行大典时才能佩戴。

东珠朝珠

清 嘉庆

藏于台北故宫博物院

翠嵌珠宝蜂纹耳环

清

◀这对耳环采用灵动活泼的蜜蜂造型，蜜蜂腹部镶嵌着粉红色碧玺，与翠玉及蓝色点翠形成鲜明的色彩对比。触角末端穿珍珠，翅膀由细腻的米珠构成，更添一丝优雅。

捶丸？看戏？

穿梭在后宫紧凑的宫院之中，你或许会不禁想象，昔日皇家成员如何在这里消磨时光？历经六百年沧桑，曾在紫禁城中为帝后带来乐趣的活动，已经不仅仅是一种消遣，更成为我们了解古代人生活与文化的窗口。

皇家如此消遣

▼**马球**运动在中国古代又称“击鞠”，是一项骑着马挥杖击球的运动，对骑手的骑术要求很高，既考验骑手的反应能力、胆量与智谋，还考验队员之间的相互配合，带有一定的军事色彩。

“贪玩”皇帝的宫廷之乐

在故宫收藏的明代画作中，有一幅颇有趣味的画卷《明宣宗行乐图》，上面没有花鸟、山水，而是生动展现了宣德皇帝朱瞻基身着便服在御园观看体育竞技表演的场面。整幅画卷构图精致严谨，以红墙、庭院为界，自然分为六个部分，每个部分的画面都以宣德皇帝为视角中心而形成。画家的写实笔法工整细腻，不仅真实而概括地勾勒出明代皇宫中的楼台殿阁，还将太监与侍臣进行射箭、蹴鞠、打马球、捶丸、投壶竞技的情境细致入微地展现出来。通过这幅画卷，我们不仅能了解到明代宫廷生活的另一面，也能感受到中国古代寓训练、健身、益智于竞技之中的精彩体育活动。

画中的这位“贪玩”皇帝朱瞻基是明朝的第五位皇帝，他能书善画、骁勇善战，即位后整顿统治机构，休民养兵，减轻赋税。后世将他和明仁宗洪熙帝朱高炽的统

▼**投壶**是古代酒宴上助兴的游戏，宾客们要将箭矢、竹片等投入稍远处的壶中。壶口小，壶颈细长，增加了游戏难度。

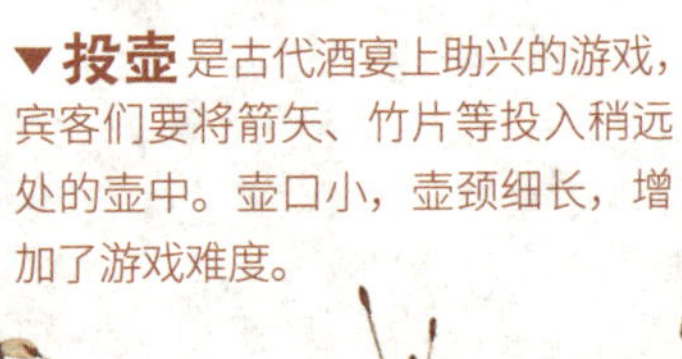

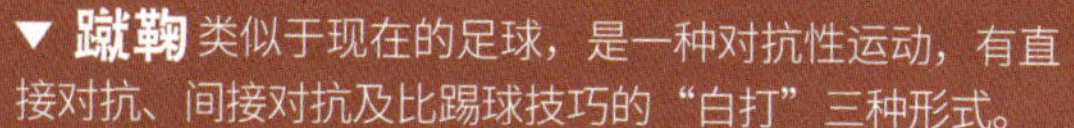

▼ **蹴鞠**类似于现在的足球，是一种对抗性运动，有直接对抗、间接对抗及比踢球技巧的“白打”三种形式。

▼ **捶丸**是一种用球杆击打小球的游戏，将球打进球窝中便可得分，有点类似于现在的高尔夫球。

《明宣宗行乐图》卷（局部） 明

▼ **射箭**是一项历史悠久的军事体育活动，在中国古代极为盛行，西周时还被列为学校教育的“六艺”之一。

治时期合称为“仁宣之治”。在朝堂之外，朱瞻基钟爱玩乐，常常猎鸟、驯兽、斗鸡、斗蟋蟀，人称“促织天子”（古时称蟋蟀为“促织”）。在画卷的第四、五部分，朱瞻基已经从神情专注的观众变成了运动场上的一员。在图卷末，乘着轿辇（niǎn）回宫的朱瞻基还不停地回头张望，一副还没玩够的样子。透过画师的笔，朱瞻基自在的宫廷生活展现在世人眼前，“仁宣之治”所带来的安定局面也可从中窥得一二。

清代也有冰上运动会

到了清代，即便在冬天，宫廷里也少不了体育运动。皇室每年都要从各地挑选上千名“走冰”能手进宫训练，并在冬至到三九期间，于皇城西苑太液池（即现今北京的北海、中海和南海）举办盛大隆重的冰上活动，称为“冰嬉”。冰嬉项目丰富多彩，包括冰上射箭、冰球比赛、速度滑

《冰嬉图》卷（局部） 清 金昆等

冰、花样滑冰等，还会有机敏的孩子表演高难度动作，如凤凰展翅、金鸡独立。清代的一些冰嬉项目还被列作军事训练项目，皇帝要通过观看军队滑冰来检阅他们的训练成果。

故宫收藏的《冰嬉图》卷，描绘了冰嬉中八旗官兵表演“转龙射球”的场景。脚蹬冰鞋的旗手和射手排成一队，犹如行进的巨龙。他们各施绝技，有的表演花样滑冰，有的开弓射箭。冰场中间的旌门上还悬挂着“天球”，队伍滑行到旌门处时朝旌门射箭，如果射中“天球”就能得到奖赏。

畅音阁三重檐下依次悬“畅音阁”“导和怡泰”与“壶天宣豫”匾。

戏台故事

故宫里有大大小小十多座戏台，不难看出，戏曲是清代宫廷日常生活与节庆活动中必不可少的娱乐活动。看戏，在一定程度上满足了深宫高墙里帝后、妃嫔的精神文化需求，精致盛大的戏曲表演还可以彰显喜乐氛围与太平盛世。每逢皇帝大婚、皇子诞生、帝后生日、外国使臣来访，以及元旦、元宵、中秋等重要日子，宫里都会安排上演戏剧节目，称为“承应戏”。乾隆对戏曲的热爱可以说到了痴迷的程度，他不仅爱听，甚至还爱演，曾让内侍陪他在室内戏台上演唱。

国粹京剧的形成、发展与繁荣，也与清代宫廷成员爱听戏有关。乾隆五十五年（1790），三庆班等安徽商人组建的戏班（徽班）陆续进京演出，为乾隆帝贺八十大寿。后来，徽班逐渐接受、融合汉调、昆曲、京腔、秦腔等的艺术成分，至道光年间，京剧正式形成。光绪年间，皇宫里上至慈禧、光绪帝下至王公大臣，无不酷爱京剧。相传，慈禧更是亲自设计舞台、亲自改编和审定剧本，而且她看戏时相当认真，每次都拿着剧本边看边对照，还会当场纠正演员的唱词。

《皇宫锡庆》是清代宫廷承应剧目之一。剧情有天下太平、风调雨顺、四海清晏、福寿绵长等寓意。

福、禄、寿三层均有天井上下贯通。

禄台与寿台间设有夹层，称为“仙楼”。

寿台下的水井可为表演喷水提供水源，且利于营造混响音效。

畅音阁大戏楼

▶故宫的戏台中，最大的要数畅音阁。它有福、禄、寿三层戏台，上演大型戏剧时可容纳上千名演员，可谓热闹非凡。寿台顶部设三口“天井”，地面设五口“地井”，井下或井旁安设辘轳，演出时能将人物和背景托出地面，或让演员上下穿越楼台营造神仙鬼怪上天入地的故事场面。

游御苑，感受典雅清幽

走走停停这么久，是时候找个地方歇脚了，那里最好有凉亭，周围绿树成荫，花草结群，不仅能够小憩，还能用美景扫除疲惫。或许皇帝就是这样想的，所以紫禁城里才有了几座无与伦比的皇家花园。

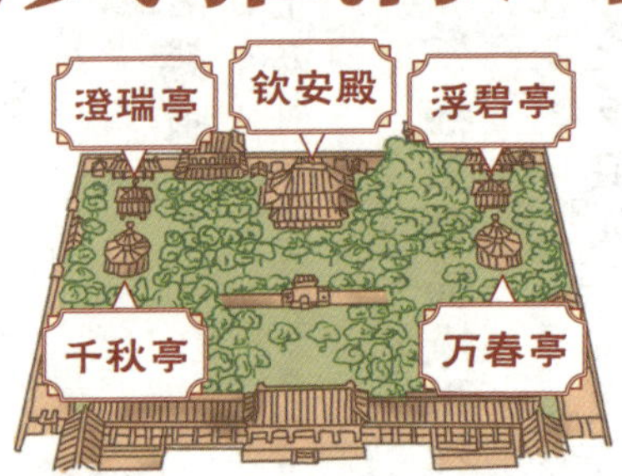

御花园里话园林

故宫里有园林四座，其中最大的一座便是御花园，到了这儿，故宫中轴线上的观览就要告一段落了。不过大概是坐落在皇城里，几步一座亭台楼阁的缘故，即便绿荫如盖、景致宜人，御花园里也鲜有浪漫气息。然而在明清时，御花园的的确确是个热闹非凡的地方，它是皇帝摆脱朝政压力的“避难所”，也是后宫妃嫔闲适游玩的乐园。园中众多古柏苍松、奇花异草将御花园点缀得情趣盎然，不同时节前往能观赏到不同的景色；更有近 20 座风格迥异的建筑，其中以万春亭和千秋亭、浮碧亭和澄瑞亭最具特色。万春亭和千秋亭的设计巧妙融合了“天圆地方”的传统哲学观念，既展现了皇家园林的精致典雅，也蕴含了天地之大德。浮碧亭和澄瑞亭则坐落于石桥上，桥下有鱼儿在池中悠游，为御花园增添了几分清新活泼的气息。由于缺乏地势起伏，宫廷园林还须叠

阳光从窗户里洒下，让万春亭藻井更显神圣。

◀浮碧亭前有一株明代种植的连理柏。虽然古柏已经枯死，但每逢夏秋时节，树上缠绕的古藤便爬满绿叶，仿佛枯木逢春。

石造山。御花园里的堆秀山就是用太湖石堆筑而成的，过去，这里还是重阳节登高的地方。从山顶的御景亭远眺，能将故宫佳景尽收眼底。

皇帝的诗与远方

皇宫御苑往往体现了皇帝的品位与喜好，比如故宫里的另一座著名花园——宁寿宫花园，它由乾隆皇帝亲自指导修建，体现了乾隆钟爱江南园林的情趣，也被人们称作“乾隆花园”。

宁寿宫花园整体呈狭长的四进院落，由南面的衍祺门进入，迎面是一座假山，沿着曲折的小径行走，方见山石环抱的古华轩——它采用古朴、高雅的楠木贴雕天花，又有建轩前便逾百岁的古楸（qiū）相伴。每逢春夏之交，花开满树，如锦似霞，使古华轩更显气度非凡。从轩西面凿有流杯渠的禊（xì）赏亭，到以松、竹、梅岁寒三友为装饰的三友轩，再穿过假山叠石与符望阁、碧螺亭等构成的紧凑空间，最终抵达宁静闲适的倦勤斋，园林中处处体现着乾隆帝的文人雅趣，及对自己归政后远离尘嚣，在山水中自得其乐、颐养天年的期望。

▲意大利画师郎世宁绘制的藤萝花架从屋顶延伸到墙壁，透视感极强的花朵“坠”在头顶，似有芳香飘来。

▶禊赏亭内设有流杯渠，且内外装饰竹纹，象征王羲之与友人在茂林修竹中，引流觞曲水，饮酒作诗的意境。

禊赏亭透视图

“朕的花园，朕做主”

乾隆帝在位期间，亲自指导了大内御苑、西苑三海、三山五园、承德避暑山庄等数十座园林的营造工程。这些园林都展现出高超的艺术水准，共同创造了中国古代皇家园林建筑艺术的巅峰。

故宫中的纹样之美

千百年来，人们将美好祝愿和对祥瑞的崇拜浓缩在纹饰当中，形成的中国传统纹样可谓美不胜收。

龙是生灵之首，凤是百鸟之王，细心的你应该已经发现：故宫里最常见到的便是龙凤纹样。紫禁城可以说是一个龙的世界，建筑、服饰、器物上，到处都舞动着千姿百态、栩栩如生的龙，仅在太和殿中就有龙纹上万条。而凤纹既象征皇室女性的尊贵，也寓意着和谐美好，常与龙纹相伴出现。

蝙蝠纹

“蝠”与“福”同音，而且蝙蝠总是倒挂着，寓意“福到”，因此蝙蝠纹是中国古代应用最广泛的吉祥纹样之一，常与“寿”字组合，形成“五蝠捧寿”图案。

龙纹

龙的形象演化自多种动物，通常说龙有“九似”：角似鹿，头似驼，眼似鬼，项似蛇，腹似蜃（shèn），鳞似鲤，爪似鹰，掌似虎，耳似牛。按照形态，龙纹可分为团龙、坐龙、行龙等。

凤纹

凤凰是存在于神话中的瑞鸟，凤纹多呈现凤凰凌空飞舞、华贵端庄的姿态。

三多纹

三多纹由佛手、寿桃和石榴组成，寓意多福、多寿、多子。

不论是在民间还是宫廷之中，“福禄寿喜”都是人们对美好生活共同的期待。清代皇家尤其注重“图必有意，意必吉祥”的准则，使用的吉祥纹样中常借谐音、双关或神话典故来表达祝福。

葫芦纹

葫芦谐音“福禄”，自古以来就是福禄吉祥、子嗣繁盛的象征，常与多种纹样题材组合，形成视觉效果繁密的图案。

蝶纹

蝴蝶纹样不仅装饰性强，还有许多美好寓意：蝶恋花纹寄托人们对爱情的憧憬与向往；蝴蝶双宿双飞象征矢志不渝的爱；灵动的小猫与轻盈的蝴蝶组合在一起又有“耄耋”的吉祥内涵。

如意纹

如意最早是挠痒的工具，后来逐渐演变为有吉祥寓意的器物，“如意”之名与祥云、灵芝状的造型又使它成为典型的吉祥纹饰，被广泛装饰于建筑、器物、服饰之上。

古代文人崇尚清雅、高洁，被用于歌咏风骨的梅、兰、竹、菊，及展现雅致的博古器物等图像，也常出现在古代器物、建筑等的纹饰之中。

四君子纹

凌寒独放的傲梅，空谷自赏的幽兰，谦雅正直的绿竹，澹泊隐逸的菊，以它们为题材的纹样被称作“四君子纹”。

博古纹

以古代瓷器、玉器、铜器等元素为主题的博古纹，象征博古通今，又蕴含对吉祥福寿的祈愿，在清代尤为盛行。

第二章

木结构建筑博物馆

MU JIEGOU JIANZHU BOWUGUAN

营建

修缮

故宫博物院是中华优秀传统文化的荟萃地，堪称中国古代官式建筑的百科全书。千余座明清木结构建筑，丰富、齐全的建筑门类及形制，是故宫最不可替代的珍贵“藏品”。巍峨的太和殿、秀美的角楼……故宫历经六百余年风雨，现已成为世界上现存规模最大、保存最完整的木结构古代宫殿建筑群，体现了古代工匠卓越的建造技术与智慧。

建筑结构

装潢

北京雨燕常被称作“无脚鸟”，它短小的脚与朝前长的四趾使它很难落地或在树上栖息。

中式营造之道

倌大的紫禁城是如何建成的？宫城里有多少间房子？那么多木材、石材从何而来？古建筑旧了怎么修？让我们化身北京雨燕，换个视角揭开故宫营建的秘密。

北京雨燕

▼自 600 多年前起，古老的北京城中逐渐出现紫禁城、正阳门城楼、颐和园建筑群等众多木结构建筑，无数梁、檩（lǐn）、椽（chuán）交错形成的人造洞穴为北京雨燕提供了最佳住所。直到今天，北京的古建筑群还是雨燕世代筑巢的“家”。

先有大运河，再有北京城

永乐四年（1406），朱棣决定在次年开始营建北京宫殿，官员们便奔赴各地采集名贵木材和砖瓦，许多材料在运送至北京时费尽周折。首先，上好的楠木大都生长在南方的深山之中，俗话说“入山一千，出山五百”，光是伐木就已经艰险异常；而要跨越千山万水将巨量木材运至北京更是难上加难，当时采用的办法是将木材滚入山谷，扎成木筏，待雨季山洪暴发时再顺着江河划木筏北上。除木料外，各地烧造的砖瓦、开凿的石材也需通过水路运达北京。这时，作为沟通中国南北的交通主干，京杭大运河的重要性便凸显出来了。因此

颐和园景明楼檐角

朱棣又下令集中人力疏浚运河，使南北漕运恢复畅通，“先有大运河，再有北京城”的说法也逐渐流传开来。永乐十五年（1417）六月，紫禁城宫殿破土开工，经过三年多的大规模施工，于永乐十八年（1420）十一月落成。

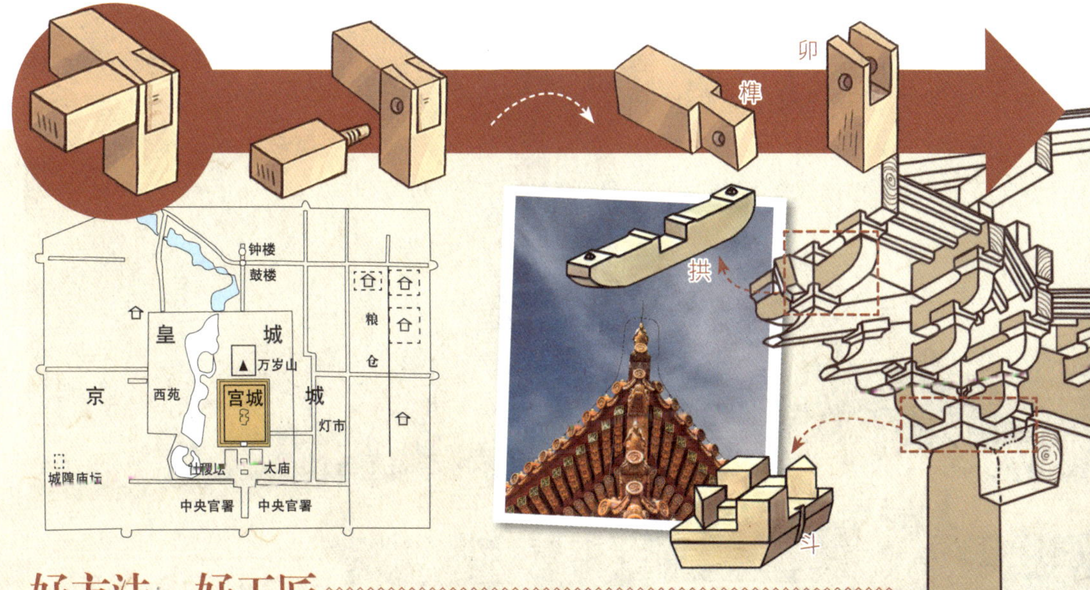

好方法，好工匠

据测算，紫禁城南北长961米，东西宽753米，城外有宽52米的护城河，其占地面积相当于法国卢浮宫占地面积的3倍。然而在600多年前，没有现代的先进技术，人们是如何在短短几年中建起这座皇宫的呢？其实从皇帝下诏营建宫殿到破土开工的十多年里，工匠们准备了大量预制构件，即计算出建筑所需木材的尺寸，预先制作一系列标准木构件。开工后按需调用，利用各构件完美契合的榫卯结构在现场进行组装即可。这种成熟于宋代的高效施工方法，与现代钢结构建筑采用标准件现场装配的办法异曲同工。

如此庞大的建筑工程，要完成得有条不紊，光有好方法还不够，还需要一批能工巧匠。蒯（kuǎi）祥便是营建北京宫殿等重大工程的主持人之一，表现出了规划、设计、施工上的杰出才能。相传，他可以双手握笔画龙，不出一点差错，被皇帝称作“蒯鲁班”。天安门在建成初期原是一座黄瓦飞檐的木牌坊，天顺年间遭雷击焚毁。成化元年（1465），年过六旬的蒯祥承担了重建重任，奠定了现代天安门气势雄伟、布局严整的规模和样式。

《北京宫城图》 明 藏于中国国家博物馆

宁寿宫花园烫样（复原品）

“样式雷”烫样

清初，木匠雷发达在主持宫廷建筑的设计工作时，想到了将草纸板等材料熨烫定型，制成模型小样（即“烫样”）的方法。烫样上可用标签注明建筑各部位的名称、尺寸及工程做法，以用于指导施工、核算建造所需的工料银两。更为巧妙的是，烫样还可以拆装，使建筑内部的装修设计一目了然。雷氏的烫样技术世代相传，凡是宫廷建筑的设计图样几乎都出自雷家，留下了“一家样式雷，半部古建史”的佳话。

紫禁城里有多少间房？

有一个传说，认为天帝的宫殿紫微宫有一万间房屋，皇帝作为人间的天子，不得僭越天宫之制，因此紫禁城的房屋数量为九千九百九十九间半。不过经博物院专家分析，紫禁城内的建筑不断经历修缮与重建，其房间数量是在八千间以上不断变动的。

宝贵的古建筑修缮技艺

21 世纪，故宫博物院启动大规模的维修保护工作，大力传承了传统的官式古建筑营造技艺——在中国古建营造技术的基础上形成的一套完整且具有严格形制的传统官式建筑施工技艺。这一营造技艺包括土作、石作、裱糊作、搭材作、瓦作、油作、彩画作和木作，统称“八大作”。这些技艺是故宫建筑能在数百年间始终保持壮丽辉煌的重要原因。

1 地基是承载故宫殿宇的坚实基础，其建造依赖土作技艺。

2 石作是负责石构件制作、表面处理和安装的营造技艺。

3 为建筑顶棚、墙面、门窗糊纸的营造技艺，即裱糊作。

4 搭材作是传统建筑中负责搭建彩棚、脚手架的营造技艺。

5 故宫里一砖一瓦的营造，都由瓦作完成。

6 为保护木构件，要在其表面施地仗、刷油，称为“油作”。

7 彩画作，是为建筑梁架和木构件进行装饰的技艺。

8 木作又分为大木作和小木作，分别负责营造屋架结构和室内外装修的木构件。

筑木成屋，承载六百年恢宏

中国的木结构建筑至今已有约七千年的历史，是劳动人民匠心与智慧的结晶。太和殿及耸立在宫城四隅的角楼是故宫里具有象征性的建筑，也是中国古建史上极具代表性的杰作。

太和殿的梁枋与斗拱

台基如何支撑起金銮殿

太和殿是中国现存最大的木结构大殿，初见时难免会被它那金色的屋顶与体量庞大的屋身吸引，忙着抬头仰望，忘了脚下坚实的台基才是大殿矗立几百年的关键。三层“土”字形汉白玉台基承托起太和殿、中和殿及保和殿，不仅让三大殿更具气势，还能有效解决排水的问题，使建筑免受水淹。

根据技术人员的专业勘查，三大殿的地基深度约为16米，采用了分层做法，由逐层夯实、反复交替的黄土层、碎砖层等构成。这“低调”的建筑基础自建成至今，历经六百多年风雨及多次地震，都没有出现沉降，是这些古老宫殿最可靠的承载者。

▼三大殿的台基高约8米，由三重须弥座构成。

紫禁城里的『半间房』

中国传统木建筑中以四根立柱围成的区域为一间，房屋迎面的间数多为单数。而藏书楼文渊阁特地多建了一个半间，形成面阔六间的格局，取双数属阴，利于“克火”的寓意。

从太和殿看木建筑结构

太和殿初建时为面阔约 95 米，进深约 47.5 米的大殿，多次因雷击失火后，太和殿的建筑面积被缩小为原来的一半左右，三大殿彼此间的距离则扩大到初建时的三倍左右，以避免火灾发生时彼此牵连。尽管经历过一次“大缩水”，太和殿仍是紫禁城内体量最大的建筑，可以想见其曾经的宏伟规模。

那么是怎样的木结构支撑起了如此大体量的屋身与屋顶呢？在中国传统木结构建筑中，墙面往往只起到遮风蔽雨、分隔室内外的作用，梁柱才是最重要的承重结构——其结构类型主要有抬梁式、穿斗式和井干式三种。现存重要的大型古代建筑，包括太和殿及故宫里的其他宫殿，大多采用抬梁式木结构，由梁架承受整个屋顶的重量，再传到木柱上。这种结构的好处是使建筑内部的空间显得更宽敞。

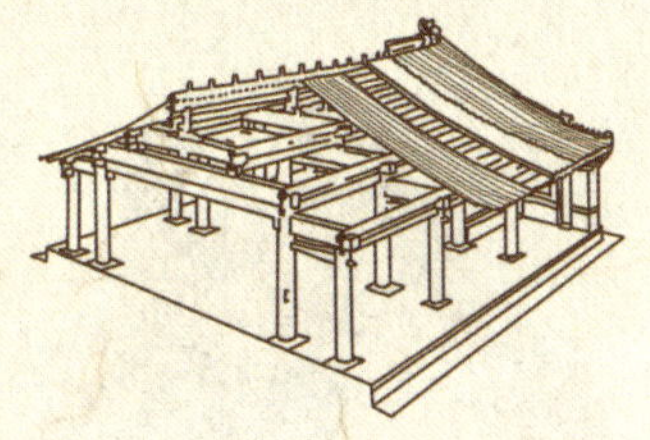

抬梁式木结构指柱子承载逐层抬高的梁形成的房屋结构，常见于我国北方。

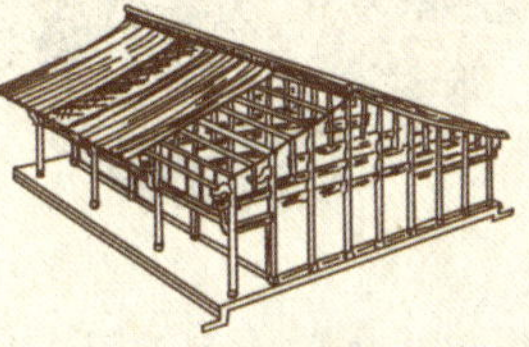

穿斗式木结构不使用梁，而是由一根根柱子直接支撑屋顶，具有省工省料、便于施工等优点。

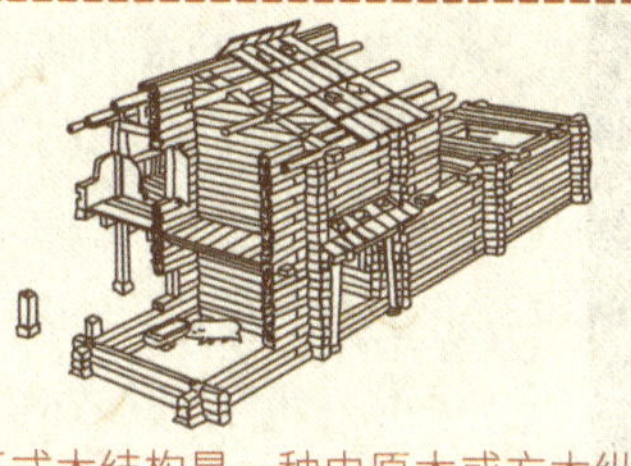

井干式木结构是一种由原木或方木纵横堆叠而成的结构。

▲太和殿内有 72 根木柱，其中 6 根缠龙金柱采用了中国传统工艺“沥粉贴金”法，金龙缠绕全柱，似在穿云驾雾。

皇城角上的古老传说

关于角楼的传说很多，广为流传的版本中，永乐皇帝希望在自己的皇宫四角各建一座精美绝伦的角楼，每一座都有“九梁十八柱七十二脊”。工匠们领了谕旨后一筹莫展，多亏鲁班仙师化身卖蝈蝈笼的老人，借蝈蝈笼的样子给了工匠们灵感，这才有了紫禁城中结构精巧的四座角楼。而在另一个版本中，角楼是皇帝为消除火灾，请天龙下凡而建。因为天上的二十八星宿分成东方青龙、南方朱雀、西方白虎、北方玄武四象，四象又以东方青龙为首，所以皇帝要请位于龙头的角宿下凡镇守皇城四角。实际上，角楼是紫禁城防御体系的一部分，其结构远比传说中复杂，展现了古代匠人的高超技艺，是科学与美学的完美结合。

▼角、亢、氐（dī）、房、心、尾、箕（jī）七宿在夜空中勾勒出龙的形象。每年农历二月初二，角宿从地平线升起，好似青龙抬首，因此民间有“二月二，龙抬头”的说法。

飞檐翘角，解读建筑瑰宝

太和殿有着紫禁城中等级最高的屋顶——重檐庑殿顶，线条流畅的正脊和垂脊犹如飞龙翱翔，展现着建筑主人的尊贵；而角楼则有着宫中最为复杂的屋顶——由四个重檐歇山顶、两个单檐歇山顶及一个四角攒尖顶叠加而成的巧妙结构。角楼气质沉稳的镏金宝顶、曲线优美的屋脊、参差错落的屋檐，与护城河中的倒影相映托，真可谓美轮美奂。

然而当你走进角楼，就会发现，它繁复的外表下竟有着相当干净利落的内部空间。这要归功于角楼巧妙的梁柱结构：屋顶的全部重量都通过斗拱与水平梁枋传递到二十根立柱上，这些立柱通过榫卯与梁枋连接，并巧妙布置于建筑的各个转角，使室内形成了一个没有立柱的开阔空间。

28个翼角

76条脊

4面抱厦

角楼屋顶平面图

3重屋檐

角楼

庑殿顶

有单檐、重檐之分，重檐庑殿顶是最高等级的屋顶。庑殿顶在中国古建筑中并不多见。

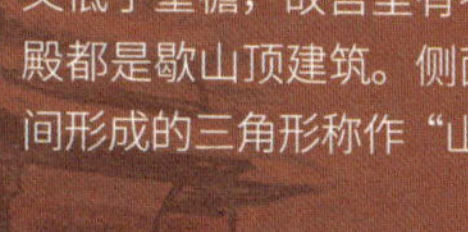

歇山顶

等级低于庑殿顶，单檐的等级又低于重檐，故宫里有不少宫殿都是歇山顶建筑。侧面屋脊间形成的三角形称作“山花”。

盝顶

御花园中的钦安殿、西井亭均用盝顶，上端的平顶像是在屋顶上平切一刀形成的。

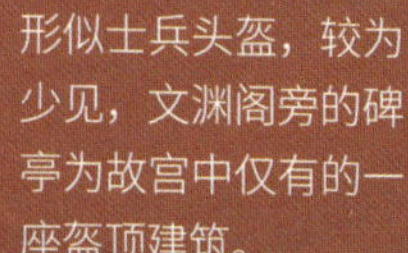

盔顶

形似士兵头盔，较为少见，文渊阁旁的碑亭为故宫中仅有的一座盔顶建筑。

攒尖顶

呈锥形，在亭子中很常见，形状有方形、六边形、八边形、圆形等多种样式，最高处的装饰称作“宝顶”。

卷棚顶

造型优美，两面斜坡相交处呈弧形，常在园林建筑中出现。

悬山顶

屋顶前后两面为斜坡，侧面的屋檐伸出墙外。

硬山顶

与悬山顶相似，但两端与侧面的墙齐平。

在故宫邂逅华彩琉璃

琉璃流光溢彩，古时又被写作“流离”，早在西周时期就被用作贵重装饰品。至明清时期，在宫殿建筑领域，皇家更是将琉璃使用到了极致，使紫禁城成为世界上规模最大、使用琉璃构件种类最丰富的宫殿建筑群。

3.4米

正吻

一片金光灿烂

景山公园位于故宫正后方，北京城的中轴线上。登上景山最高处的万春亭，便可凭栏远眺故宫全景，一个个金色的琉璃屋顶与蓝天、白云、红墙相映衬，彰显着这座宫城的尊贵与恢宏。

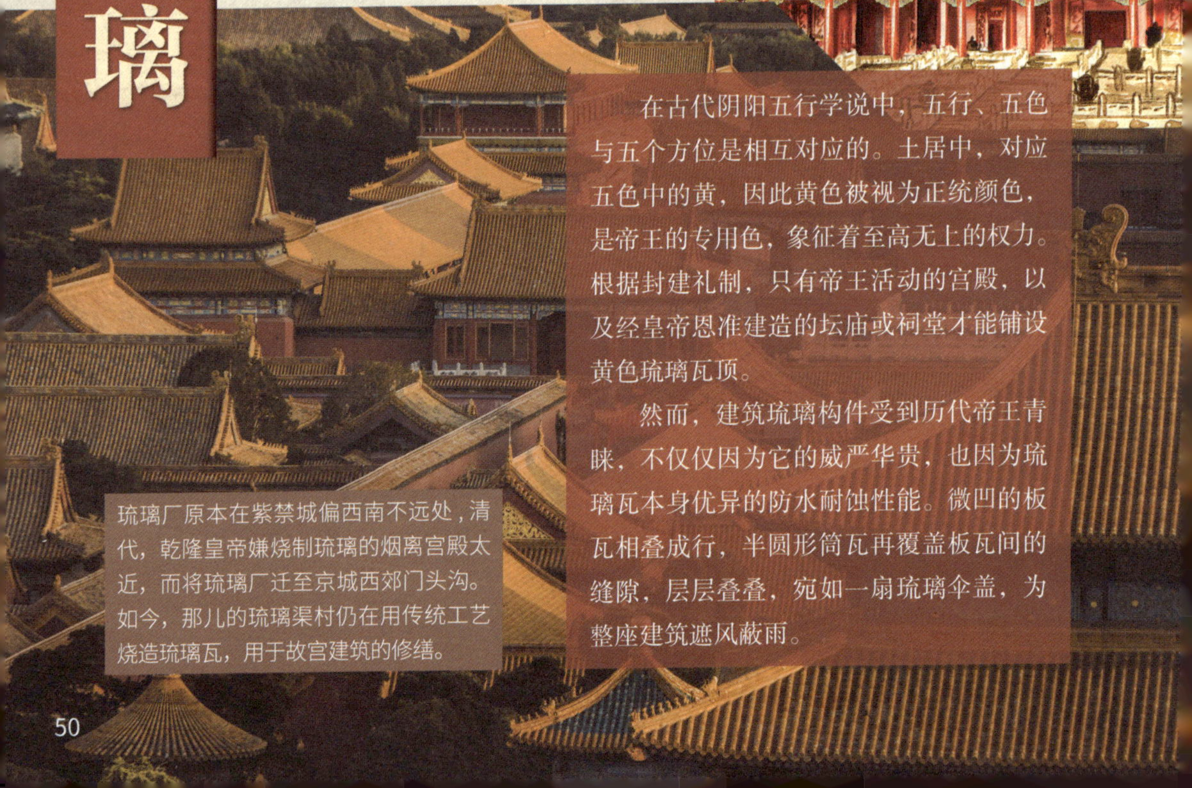

在古代阴阳五行学说中，五行、五色与五个方位是相互对应的。土居中，对应五色中的黄，因此黄色被视为正统颜色，是帝王的专用色，象征着至高无上的权力。根据封建礼制，只有帝王活动的宫殿，以及经皇帝恩准建造的坛庙或祠堂才能铺设黄色琉璃瓦顶。

然而，建筑琉璃构件受到历代帝王青睐，不仅仅因为它的威严华贵，也因为琉璃瓦本身优异的防水耐蚀性能。微凹的板瓦相叠成行，半圆形筒瓦再覆盖板瓦间的缝隙，层层叠叠，宛如一扇琉璃伞盖，为整座建筑遮风蔽雨。

琉璃厂原本在紫禁城偏西南不远处，清代，乾隆皇帝嫌烧制琉璃的烟离宫殿太近，而将琉璃厂迁至京城西郊门头沟。如今，那儿的琉璃渠村仍在用传统工艺烧造琉璃瓦，用于故宫建筑的修缮。

琉璃神兽荟萃

离开景山，再次置身于紫禁城豪华而规整的宫殿间，你又会发现，金色飞檐上有许多神兽“站岗”，那就是脊兽。它们精巧而灵动，安静地守护着建筑，既能封护瓦垄，也起到了装饰作用。脊兽数量越多，就代表建筑等级越高。太和殿的脊兽是最多的，每条垂脊上都有十个神兽和一个骑凤仙人。

押鱼

传说中的海中异兽，长有鱼尾，有着防火灭火的寓意。

狻猊（suān ní）

龙的九子之一，形貌类似狮子，但后脑没有螺髻。

行什

长有双翅，猴头鹰嘴，是太和殿独有的脊兽。

獬豸（xiè zhì）

能够分辨正义与邪恶，会用头上的角顶撞不正直的人。

海马

身上有火焰纹，可以在海浪中奔跑如飞，是忠勇吉祥的象征。

天马

传说中能够在空中飞驰的神马，长有一对翅膀。

斗牛

传说中的镇水兽，长着牛头牛蹄，却浑身鳞片。

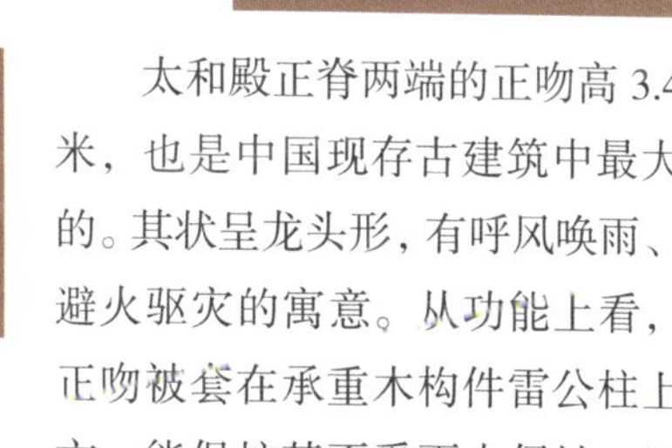

太和殿正脊两端的正吻高 3.4 米，也是中国现存古建筑中最大的。其状呈龙头形，有呼风唤雨、避火驱灾的寓意。从功能上看，正吻被套在承重木构件雷公柱上方，能保护其不受雨水侵蚀，还起到了一定的防雷电作用。

次楼
正楼
边楼
夹楼
皇极门

百座琉璃门

往内廷区域走，你会发现五光十色的琉璃不仅出现在屋顶，还可用于门窗、墙壁、照壁、花坛等。帝、后的宫殿多用图案华美的琉璃装点，而次要的院落里则只用素琉璃。

其中，琉璃门是宫门与仿木琉璃构件组合而成的独特建筑。紫禁城的上百座琉璃门中，要数宁寿宫区的皇极门造型最别致，气魄最雄伟。皇极门有 3 座门洞、7 座门楼，每座门楼两侧都装饰黄琉璃垂莲柱及卷草纹斗拱雀替，兼有门的形式与壁的特色，堪称紫禁城琉璃门之冠。

垂莲柱
雀替

影壁与龙

照壁俗称“影壁”（谐音“隐避”），是正对大门或大门两侧相对独立的墙壁，用于点缀空间、指示道路，并起到遮挡外人视线、提示行人避开的作用。皇宫中的照壁主要分布于内廷，造型、材质多样，以琉璃照壁最为尊贵。

相传，故宫九龙壁的这条白龙在烧制时，腹部的琉璃被烧坏了。为了按时完工，保住性命，工匠用木料秘密仿制了一块龙腹构件安装上去，最后瞒过了皇帝。

与皇极门相对的九龙壁，不仅是故宫中规模最大、等级最高的照壁，还与山西大同九龙壁及北京北海公园九龙壁合称“中国三大九龙壁”。这座五彩琉璃照壁背倚宫墙，海浪烘托出九条形态各异的龙，气势磅礴。其设计中暗含的多重九五之数，将“九五之尊”的概念呈现到了极致。宫门大开时，坐在皇极殿的龙椅上正好能看到正中的金色巨龙。

▼养心门两侧的照壁通体装饰琉璃，壁心的鹭鸶卧莲图案生动灵巧，分外可爱。

早期琉璃瓦以绿色居多，随着技术发展陆续有了

明黄、孔雀蓝、翠绿、乳白、绛紫

等多种颜色。

▼九条巨龙均采用高浮雕法制成，有极强的立体感，好似要震壁腾飞。

山崖奇石将9条蟠龙分隔于5个空间

壁面总计使用270个塑块

檐下斗拱之间用45块龙纹垫拱板

壁顶正脊饰有9条行龙

九龙壁

门窗内外，看古建装潢

中国古建筑的装饰艺术形式多样，檐柱间的门、窗、彩画，室内的天花、藻井、家具等都有着令人赞叹的美。漫游在故宫，你能认出多少中国古建筑所独有的装饰呢？

▲槅扇门是故宫古建筑使用频率最高的门样式，去掉裙板部分便成了槅扇窗，可以说它同时具有墙、门、窗的功能，兼顾了室内的隐私与通透光照。

江山社稷金殿

要想近距离观赏故宫建筑的外檐装饰，不妨先到乾清宫前看看：两座铜镏金“袖珍”宫殿坐落于丹陛两侧，合称“江山社稷金殿”，它们仅有约1.4米高，造型却相当精巧，立柱、额枋、槅扇、斗拱等构件一应俱全。额枋上的双龙旋子彩画清晰可见，槅扇门的槅心采用紫禁城里最高等级的三交六椀菱花样式，绦环板和裙板分别饰有宝相花与升龙纹。槅扇门打开后还可以在金殿内放置香火。

槅心的花样非常多，等级较高的建筑常用三交六椀菱花、双交四椀菱花等齐整庄重的样式，而在内廷区域则多用步步锦纹、钱纹等。

一种彩画，一方美学展台

斑斓的彩画几乎装点了故宫的每一处梁、枋、斗拱、天花。彩画颜料以矿物调和而成，色彩艳丽，既起到装饰作用，诠释了传统建筑艺术中的“雕梁画栋”，又能保护木构件免遭风雨、虫蚁的侵蚀。

故宫彩画主要有和玺彩画、旋子彩画和苏式彩画三种。和玺彩画等级最高，仅用于外朝和内廷最主要的宫殿，有金龙和玺、龙凤和玺等类型，常大面积贴金，显得尤为奢华。旋子彩画的等级次之，两端的藻头绘有青绿相间的涡状花纹，即“旋子”，枋心可以画龙纹、锦纹等，也可以只画一字墨道或不施花纹。苏式彩画因起源于苏州而有素雅灵动的江南绘画风格，图案多用人物山水、花卉草木、楼台殿阁等，多见于内廷建筑及皇家园林。

太和殿的彩画图案以龙为主，又称“金龙和玺彩画”，在和玺彩画中等级最高。

▶彩画的构图通常由中间的枋心、两边的藻头及末端的箍头组成。

▶雀替位于建筑外檐额枋与柱子相交的位置，像雀鸟翅膀一样展开，辅助托举屋檐，且极富装饰性。

太和殿前广场西侧廊庑

旋子彩画的枋心画有一道“一”字形粗墨线，有“江山一统”的意思。

文渊阁前廊

▶文渊阁采用清新的苏式彩画，所绘的翰墨册卷呼应了其藏书的功能。

寿康宫正殿的天花和藻井

万春亭藻井

出于安全考虑，故宫已将万春亭藻井的轩辕镜拆下并存放在库房里妥善保管。

抬头见“井”

在紫禁城中，太和殿、养心殿、皇极殿、寿康宫等处都有一种名为“藻井”的特殊构件，它们被置于天花板中央，像穹顶般向上层层隆起，如伞如盖，十分华丽。不过，为什么要在天花板上安装“井”呢？它有什么独特寓意？

“藻”指水藻一类的水中植物，“井”是储水、打水的地方，“藻井”这个名字本身便有避火的意思。再加上二十八星宿中井宿主水，藻井的造型又酷似水井口，因此古人将藻井视为可为木建筑压伏火魔的镇物。藻井中心常雕有蟠龙，龙首低垂，口中衔着名为“轩辕镜”的宝珠，“轩辕”即中国古代传说中的始祖黄帝。

宫殿内的藻井多由方井、八角井、圆井构成，彰显秩序之美。御花园万春亭的藻井旁还设有窗户，阳光将贴金蟠龙“点亮”，金色飞凤环绕四周，更有层次分明的小斗拱如云层堆叠翻涌，仿佛要引人感受那苍穹之上的辉煌、壮观景象。

走进文物库房，细赏明清家具

传统木构建筑的营造离不开木作，其中大木作负责木构建筑最基本的结构构件，如屋身的梁、柱，屋檐下的斗拱等；而小木作主要负责室内外装修，包括制作精美的天花、门窗等。明清的木制家具既反映了传统建筑内部的装饰艺术，也继承和发扬了小木作工艺。

就在故宫西南隅，一个稍不留神就会错过的角落里，藏着一座用文物库房改造的家具馆。这儿主要用清代康熙、雍正、乾隆三朝的家具陈设等还原庭院、书房、琴房等场景，营造出帝王理政、燕居的历史氛围。尤为独特的仓储式展览，直接将神秘的“深宫大库”搬到游客眼前，300 多件珍贵的清代宫廷家具按照库房保管要求进行陈列，其用料、设计之考究可以一览无余。

鹿角椅 清 乾隆

◀清代特有的家具品种，用狩猎得到的鹿角制作而成。

填漆戗金云龙纹海棠式几 清

紫檀弘旿（wǔ）绘山水图座屏 清

彩漆戗金花卉纹挑杆灯架 清

黑漆描金缠枝莲纹琴桌 清

故宫建筑知冷暖

紫禁城的工匠们运用非凡的智慧，克服了工程建造中的重重难关。那么，他们又会如何应对房屋在居住时的种种问题？如何让这座庞大的建筑群在寒冬、酷暑都舒适宜人呢？

防火墙

▲为了避免房屋着火时危及其他区域，故宫内建有多种形式的防火墙。防火墙由黏土砖砌成，可以阻断火势蔓延。

▲紫禁城护城河的水源引自北京西郊，因西方五行属金，所以又称“金水河”。

金水河的守护

金水河如同一条温婉的丝带，自西北向东南蜿蜒穿过紫禁城，为这座古老的宫殿注入生机与活力。相对于天安门前的“外金水河”，紫禁城内的金水河被称为“内金水河”，它不仅是故宫的主要水源，更是一道天然的防火屏障，为灭火提供了便利。此外，宫中随处可见的防火墙、大水缸，以及救火设施激筒、警报系统石别拉等，都展现了古人对防范火灾的高度重视。

▼汉白玉石栏杆上的望柱头通常是实心的，而在故宫的三大殿及其他重要建筑周围，部分莲瓣望柱头却被挖成了空心，这就是石别拉。一旦发现火情或入侵者，护卫人员就会把牛角状的喇叭插入石别拉中使劲吹，让浑厚嘹亮的警报声传遍宫城。

◀又称『水龙』，是明清时使用的灭火工具，能将水喷向远处。

冬暖夏凉，建筑智慧

盛夏与隆冬时节，北京的天气都算不上宜人，要让皇上住得舒服，工匠们想了不少办法。首先考虑到一年四季太阳照射角度的变化，屋檐伸出屋身外的距离被设计为柱高的 1/3，这样屋檐就恰好能在夏至前后遮阴，而在冬至前后保证室内阳光充足。不过，要通过调控自然光使建筑冬暖夏凉，效果有限，因此在冬夏季节，还需采用各种措施。

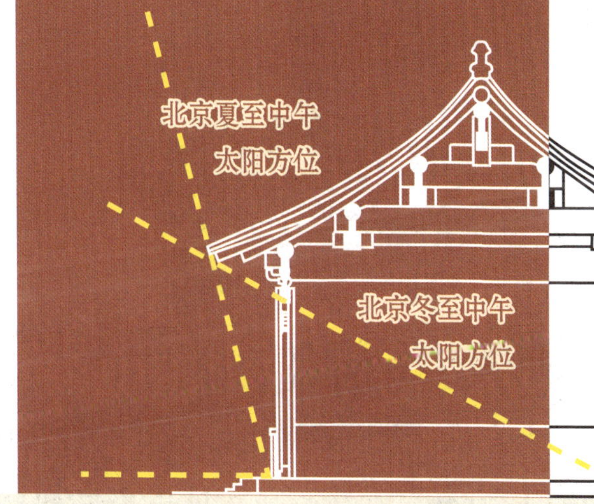

▼寿康宫是乾隆帝专为母亲崇庆皇太后修建的宫院，其后殿是皇太后日常起居之所，东梢间内设有一铺大炕。

冬季，宫中会烧“地暖”，由专人在屋外的操作口内控制炭火，让烟气沿着地下弯弯曲曲的通道扩散，并从地下出烟口排出，使整间屋子暖和起来。这种取暖方式俗称“火地”，设置了火地的房间则称为“暖阁”。清代宫廷还利用火地的热源，在暖阁内，特别是窗户边搭一个炕座，方便冬天的日常起居。等到夏季，后宫的院落里则搭起遮阳避暑的凉棚，隆宗门外的冰窖内还储藏有冰块。将冰块放入冰鉴内，可用于冷冻饮料、食物，或为房间降温。

红墙黄瓦里的东方色彩

中国古建筑的色彩，不仅传达着建筑的艺术风格，更凝固着这片辽阔土地的历史与文化，成为时光流转中永不褪色的瑰宝。

在中国古代，建筑色彩与建筑形制一样，被赋予了强烈的等级象征意义：黄、红的使用仅限于皇宫、寺院；绿、青、蓝次之，可用于王府；民舍则只能用黑、灰、白等色。

在故宫建筑群中，色彩与五行密不可分。赤色属火，大面积用于宫墙、门、柱，象征着对太阳与光明的崇拜。位于正南方位、五行属火的午门不仅墩台大面积用红色，连彩画也以红色为主。青色属木，象征温和的春天，以及树木生生不息的蓬勃朝气，因此皇宫东部供皇子居住的南三所使用绿色瓦顶。

黑色属水，可以克火。故宫里，木建筑易燃，最为怕火，因此一些建筑特意避开了红色与黄色，如文渊阁屋顶用黑瓦，墙壁用青砖，寓意以水压火，利于藏书。此外，御花园天一门的青砖墙，神武门内值房上骑着神鸟（乌鸦）身着黑衣的仙人，也都与色彩的五行属性相关。

神武门内值房屋顶

天一门

故宫建筑的色彩搭配也很有讲究，冷色调的彩画、白净的石基和深色的地砖，与大面积的红、黄暖色形成强烈对比，使整体的色彩效果更加鲜明且富丽堂皇。从前朝到后宫，色彩还会随着建筑功能发生转变，屋顶上的琉璃瓦剪边让花园风景变得更活泼；寝宫中，门窗、天花展现出的木材本色又烘托出宁静平和的生活气氛。

中国传统矿物颜料

银朱是一种古老的颜料，通过混合加热汞和硫黄制成。这种混合物在加热到大约600℃时会变成红色，即银朱，它不怕酸、碱和高温，而且上色效果很好。

石青是一种色彩鲜艳的颜料，常和孔雀石一起出现在铜矿床中。它不易褪色，在晚清之前，一直是故宫建筑彩画常用的颜料。

雌黄常与雄黄相伴而生：雌黄呈嫩黄色，古时常被用来修改错字，因而有成语“信口雌黄”；雄黄呈橘黄、橘红色，用它上色有利于画面防蛀。

定粉也叫“胡粉”或“铅白”，是把铅粉和醋混合后，密封加热并保持14天制成的白色颜料，稳定性高且遮盖力强。

黑烟子是木材燃烧产生的黑色颜料，从锅底或烟囱里就能收集到。它的主要成分是碳，因而耐光、耐碱，并且着色力出众。

第三章

文物多宝阁

WENWU DUO BAO GE

瓷器

书法

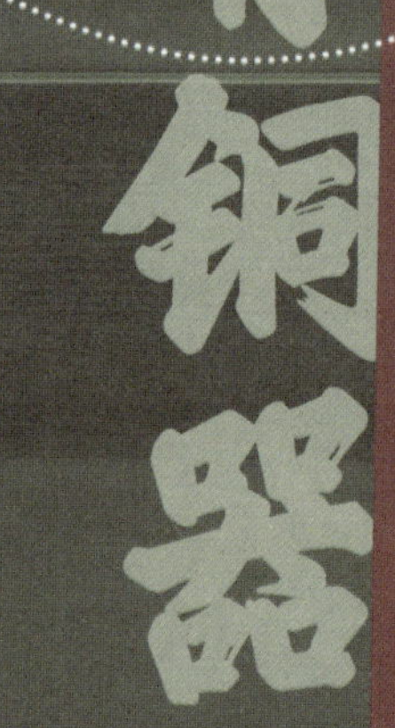

青铜器

故宫博物院收藏文物180余万件（套），藏品之多居中国博物馆之首。宫殿楼阁飞扬的屋角，犹如一对对展开的翅膀，保护着上百万件文物。从翰墨丹青到古籍文献，从瓷器、玉器、青铜器到金银器、珐琅器，从珠宝首饰到盆景、钟表，故宫藏品可谓包罗万象，每一件文物都经历了沧桑，每一件国宝都蕴藏着故事。

珍宝
钟表
绘画

青铜文化的回响

青铜器作为中国古代文明的标志之一，纹饰威严，气度雄伟，自汉代以来就成为皇家的重要典藏。故宫博物院是中国收藏青铜器数量最多的博物馆，馆藏多达一万五千余件，其中带有铭文的先秦青铜器就有近一千六百件。

穿越千年的酒香

商代的贵族和统治者崇尚饮酒，甚至嗜酒。此外，酒还用于祭祀——商人不只崇拜神灵，也崇拜自然和祖先，为此，他们经常举行祭祀活动，所用的酒不可计量。尤其到商晚期，青铜冶炼技术已经达到了很高的水准，铸造的青铜器不仅种类丰富，而且造型奇特，纹饰充满想象力。

传世的亚酗器有 50 件左右，其出土墓穴的规模都不小，说明“亚酗”可能是一个大族。

因此，纵观商代——中国青铜文化的第一个繁盛期，你会发现青铜器中酒器的占比很大，安阳殷墟所发掘的近万座墓葬中，有超过半数都随葬了酒器。亚酗（xù）方尊就是商代晚期的一件具有代表意义的酒器，器身以兽面纹和夔（kuí）纹为主体，充满了威严感。器口内侧的铭文，表示它是亚酗族祭祀诸位王后和太子的宝器。

《史记》中“酒池肉林”的故事描绘了商纣王生活的荒淫奢侈。

方尊肩部四角各饰有一个象首，象首之间又有兽首，兽角向上呈花瓣状，造型十分奇特。

亚酗方尊 商

高 45.5 厘米

商亡国后，西周统治者严令禁酒。许多曾风靡一时的青铜酒器因禁令停止铸造，消失在历史长河中，其中便有斝(jiǎ)，一种既可以盛酒，也可以温酒的青铜器。现存于故宫博物院的册方斝，体方、鼓腹，四足微微外撇，造型典雅且极为少见，堪称稀世珍品。其盖内有铭文“册”，因而得名“册方斝”。

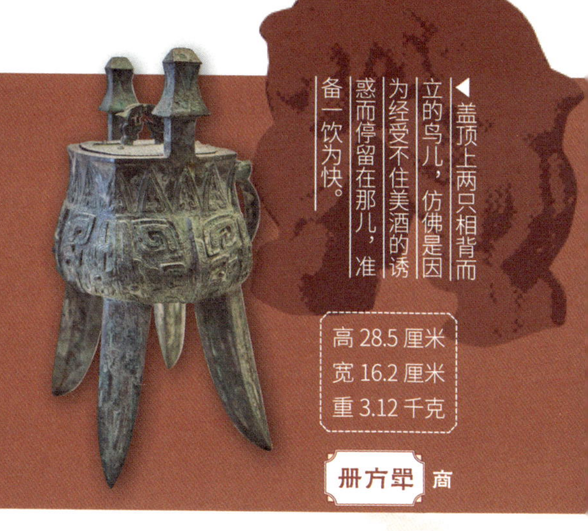

◀盖顶上两只相背而立的鸟儿，仿佛是因为经受不住美酒的诱惑而停留在那儿，准备一饮为快。

高 28.5 厘米
宽 16.2 厘米
重 3.12 千克

册方斝 商

两侧各有两只倒悬的老虎，形象威风凛凛，似匍匐前进，充满力量感。

虎戟镈 西周

高 44.3 厘米
重 16 千克

▼故宫收藏的铜镀金甬(yǒng)纽桥口镈(bó)钟，为清乾隆时期皇帝命人仿照当时江西出土的先秦镈钟铸造的。

铜镀金甬纽桥口镈钟 清 乾隆

聆听西周的礼与乐

《周礼》中记载：“正乐悬之位：王宫悬，诸侯轩悬，卿大夫判悬，士特悬。”说明在西周时期，使用乐器有严格的“乐悬”制度——乐器的编列组合、演奏的曲目和场所都有明确的规定。用音乐的等级明确划分统治阶层，反映出音乐在礼制中的重要性，因而青铜乐器在青铜器中占有相当的比重。甬钟、镈钟、钮钟等青铜乐器是在考古发现中常见的西周编钟类型，这些乐器发音精准，有的甚至已经达到现代乐器的音准水平，反映了当时青铜铸造技术的水准。现藏于故宫博物院的虎戟镈即这一时期的古物，它与成套的编钟不同，使用时单个出现，是当时的礼乐重器。虎戟镈整体造型奇伟，主体纹饰是兽面纹，辅以花瓣纹和圆涡纹，这些略显狰狞的纹饰自带威严和神秘的艺术效果，也增加了乐器演奏的严肃性。

青铜仙鹤自春秋而来

中国的青铜文明发展到春秋时代，已经摆脱了西周等级森严的礼制束缚，开始呈现出自由奔放的特色。诞生于这一时期的莲鹤方壶，充分展示了春秋时期瑰丽的艺术想象。壶上塑造出了一个神仙世界，充满祥瑞寓意的动植物构成一方浪漫的天地。仔细观察，壶盖上巧妙塑造了双层盛开的莲花，莲瓣间站着一只展翅欲飞的仙鹤。壶颈两侧攀附着龙形双耳，腹部四角的飞龙躯干起伏，充满动感，仿佛随时会从壶上飞腾而起。壶底的圈足下压着两只卷尾猛虎，似是在倾尽全力承托这件重器。制作这样一件纹饰繁缛的器物，是对铸造技术的极大考验。当时的工匠应用先进的分铸法，及浅浮雕、焊接等工艺，铸就了这件春秋时期青铜艺术的杰作。

莲鹤方壶

春秋

▲莲鹤方壶共出土两件，这件收藏于故宫博物院，另一件收藏于河南博物院。

莲鹤方壶的发现与流传

1923 年 河南新郑的乡绅挖井时意外发现多件青铜器，随后两件莲鹤方壶出土。

1927 年 河南博物馆（今河南博物院）成立。不久后，新郑青铜器入藏河南博物馆。

1937 年 “卢沟桥事变”爆发。为保护文物，河南博物馆不得不多次迁移馆藏。

1949 年 国民党政府计划将存于重庆的文物运走，但未得逞。包括莲鹤方壶在内的部分文物得以留在重庆。

1950 年 河南省文物保管委员会代表会同文化部接收了这批文物，成对的莲鹤方壶一件留在河南，一件则远赴北京，进入故宫博物院。

2006 年 河南博物院举办“国之重宝——莲鹤方壶特别展”，两件国宝重聚。

战国生活面面观

在春秋战国的繁荣时代，青铜器的纹饰艺术由庄严厚重向富有生活气息的方向转变。人们用青铜器讲述着他们的故事，只需轻轻转动这件宴乐渔猎攻战纹图壶，战国生活的种种细节便跃然眼前。

故宫收藏的这件铜壶，小小的壶身被划分为多个层次，分别上演着一个个独立的故事。壶颈部的第一区，众人在箭靶前举行射礼，女性在树上采摘桑叶，构成一幅祥和的画面。向下看则是热闹的宴会乐舞场景，人们举杯交谈，乐师们奏乐助兴。而宴会一旁，空中有飞鸟，水中有游鱼，几人正仰身用系着丝绳的短箭射猎。再往下，一场惊心动魄的战争正在上演，水面上战船交锋，陆地上士兵厮杀，仿佛可以听闻刀剑相碰叮当作响。壶底层的垂叶纹装饰，则为这个动荡的故事画上一个沉稳的句点。在这件宴乐渔猎攻战纹图壶上，生活中最激烈和最恬静的场景被逼真地再现于同一个画面中，使它不仅是中国青铜器中的艺术珍品，在美术史上也占有相当重要的位置。

一人伸手敬酒，一人作揖欲接酒，还有人正在给他人舀酒。

在宴会乐舞部分，有两人正忙碌地为宴会准备美食。

乐舞部分，有三人在敲编钟，一人吹奏号角状的乐器，一人击编磬，还有一人持鼓槌敲鼓和钲。

水战中，上层是作战之兵，下层者奋力划桨。

陆战中，守城的人正在抵抗爬云梯从下而上进攻的士兵，有人执弓箭，有人掷石块，还有人手握刀剑御敌。

宴乐渔猎攻战纹图壶 战国

巧夺天工的中国名片

当土与火相遇，在中国产生了数千年的化学反应，陶瓷就拥有了超越物质的鲜活生命力，见证着中国何以为“瓷国”的辉煌。在故宫中轴线西侧，与文华殿遥相呼应的武英殿内，故宫陶瓷馆正娓娓诉说着中国陶瓷八千年的绵延历史。

主展厅位于武英殿正殿、“工”字廊及后殿敬思殿内，按时代顺序展示新石器时代到民国时期的陶瓷变迁。

武英殿陶瓷馆

故宫博物院的陶瓷馆始建于 1952 年，地点最初在慈宁宫区，后来经历了多次迁移，最终在 2021 年于武英殿区重新开放。作为重要的常设展馆之一，故宫博物院从收藏的 36 万余件陶瓷类文物中，精选了约一千件代表性展品，还别出新意地设计了多个独具故宫特色的主题展厅，按瓷器的使用功能展出大婚、祭祀、进膳、赏赐、万寿等清代宫廷用瓷。武英殿后院内还有一座清代用于刊刻、装潢书籍的浴德堂，其后室为带有穹顶、异域特色鲜明的元代浴室，是古代中外文化交流的见证，因此浴德堂被设计成外销瓷展厅。

武英门

▶ 在武英殿东侧的内金水河上有一座断虹桥，它是紫禁城内最美、最古老的石桥之一，其望柱上的小石狮神态各异，其中一只一手轻抚下腹，一手抓耳挠腮，憨状可掬，招人喜爱。

青釉堆塑谷仓罐 三国吴

追踪陶瓷起源

磁山文化红陶盂及支座
新石器时代
烧成温度 600~700°C

马家窑文化彩陶漩涡菱形几何纹双系壶
新石器时代
烧成温度约 900°C

白陶刻几何纹瓿
商
烧成温度约 1000°C

青釉堆塑五联瓷罐
东汉
烧成温度约 1300°C

抟土成器，火中焕新颜

踏进武英殿正殿，你能看到的第一个独立展柜中是一件青釉堆塑谷仓罐，它不仅是一件艺术精品，还是中国第三批禁止出境展览的文物珍宝之一。这件瓷器是随葬品，造型精巧，罐顶展现了欢庆丰收、牲畜满栏的欢乐场面，楼檐上围着觅食的雀鸟与老鼠，两侧的亭子下八位手执乐器的侍仆，正聚精会神地演奏乐曲，墓主生前宴饮享乐的场面依稀可见。谷仓罐的下半部分是一个完整的青瓷大罐，罐肩上，一只驮碑的乌龟尤其引人注目，周围塑贴的人物以及鹿、猪、鱼等动物，或跳跃或静卧，生动展现了那个时代的活力与和谐，透露出墓主人对家族后代幸福、富庶的美好祈愿。

这件青釉堆塑谷仓罐出土于浙江绍兴的三国墓，当它从火中诞生之时，中国陶瓷艺术已经走过了一段漫长的道路：从距今约两万年前发明制陶术开始，我国成为世界上最早制作和使用陶器的国家；到夏、商时期原始瓷初现；再到东汉时期真正意义上的瓷器批量烧造；直至三国、两晋、南北朝，中国南方的制瓷技术显著提升，以青瓷为主要品种的瓷器生产规模不断扩大，为中国文明史揭开了一段光辉篇章。

异域文明，添彩大唐

盛唐时期的长安，万国衣冠齐聚，共襄盛世。唐代文化的繁荣，得益于其开放和兼容并蓄的特质。这种对异域文化的包容，体现在社会生活的方方面面，瓷器便是多元文化交汇的见证之一。从六朝至唐代，丝绸之路极大地推动了中国与西亚的文化交流。唐代陶瓷中出现了一种源自波斯的凤首壶，其中最为精美的就是故宫收藏的这件青釉凤首龙柄壶。它巧妙地融合了波斯萨珊王朝金银器的造型特征与中国的龙凤装饰，集多种装饰技法于一身，显示出高超的烧制技艺。

青釉凤首龙柄壶

唐

▲壶上有洋溢着异域风情的力士形象，他们身披轻纱，翩翩起舞，呈现文化融合的奇妙美感。

除了经济、生活、艺术的互通，交融碰撞的音乐也在唐代大放异彩。故宫陶瓷馆展出的瓷器中有一件非常独特的鲁山窑花瓷腰鼓，它广口纤腰的造型源自一种西域乐器——羯(jié)鼓。这种奇异的乐器在南北朝时传入中原，盛行于唐代，当时的人们创新性地用瓷代替木质鼓身，两端蒙上皮革，

▼汝窑瓷器釉层莹润，釉色有天青、月白等，其釉面往往有细碎的片纹，俗称“蟹爪纹”。

汝

汝窑淡天青釉弦纹三足樽式炉

宋

钧窑玫瑰紫釉海棠式花盆

宋

钧

▶钧窑瓷器造型古朴，釉色瑰丽。独特的窑变釉在烧成时会出现红、蓝、青、紫等随机的色彩变化，使钧瓷成为“纵有家产万贯，不如钧瓷一片”的珍宝。

使击打时鼓声更清脆响亮。这件花瓷腰鼓产自河南鲁山窑，烧制过程中不同的色釉互相浸染，最终在漆黑匀净的釉面上呈现出变幻多姿的蓝白色斑块，犹如黑色绸缎上的彩饰，优美而典雅。鲁山花瓷又被称为“唐钧”，为后世钧瓷的烧制奠定了基础。

22.2厘米

鲁山窑花瓷腰鼓

唐

名窑中看国宝

到了辽、宋、西夏、金时期，中国陶瓷技术达到前所未有的高峰，各地瓷窑如雨后春笋般涌现，其中最著名的便是“五大名窑”：汝窑、官窑、哥窑、钧窑、定窑。故宫博物院是现藏传世宋代“五大名窑”瓷器数量最多、质量最精的博物馆之一，通过陶瓷馆中精选的器物，古代工匠对窑火的精确掌握，中国传统文化的内敛与优雅将一一呈现。

铜胎画珐琅冰梅纹壶

清 乾隆

藏于台北故宫博物院

如果看得足够细致，你可能会好奇：为什么汝窑、官窑、哥窑的瓷器上都有不规则的裂纹？这是工艺失误吗？其实，这些裂纹起初的确是缺陷，不同材质的胎和釉在烧制过程中发生不同程度的膨胀、收缩，釉面就容易开裂，称为“开片”。然而宋代工匠掌握了釉面开片的规律，能巧妙利用开片为含蓄的单色釉瓷带来变化无穷的纹理。简洁的造型、纯净的色彩、妙趣天成的纹片、温润如玉的质感，宋瓷折射了宋代宁静、柔和的美学取向。

巧夺天工、化残缺为美的技艺，使瓷器上的开片被冠以“冰裂纹”的美名，这种富有自然之美的纹理深受人们喜爱，在中国古代的建筑、服饰和器物上都留下了印记。

哥

哥窑灰青釉胆式瓶

宋

◀哥窑瓷器以釉面上的“金丝铁线”纹著称，“铁线”指大开片的黑色纹路，“金丝”指小开片的金黄色纹路。

官窑粉青釉弦纹瓶 宋

◀官窑瓷器很少施加纹饰，主要以天青、粉青、米黄等釉色为装饰，釉面常有错综复杂的开片纹。

官

天真可爱的镇院之宝

定窑瓷器胎色洁白细腻，釉面莹润匀净，和同属“五大名窑”的那四家比起来更显质朴。别看白瓷在今天最为普通平常，但成熟白瓷出现的时间比青瓷晚了约四百年，白瓷的成功烧制，不仅标志着制瓷工艺的又一次飞跃，也为后来彩绘瓷的发展提供了完美底色。

陶瓷馆展出的定窑白釉孩儿枕是传世定瓷中的精品，也是故宫的“镇院之宝”之一。瓷枕的造型是一个活泼可爱的孩子卧于榻上，他的背即是瓷枕的枕面。在目前发现的定窑瓷器中，日用的碗、盘、碟等居多，而瓷枕数量较少，塑造成孩童形象的瓷枕更是少之又少。台北故宫博物院也藏有一件定窑孩儿枕，其造型和尺寸与故宫博物院所藏的相近，只在底部多了乾隆皇帝所作的御诗，可见它深得乾隆帝喜爱。

圆头圆脑、眉目清秀，透着虎虎生气。

古人认为“瓷枕能明目益睛，至老可读细书”，瓷质枕头还是消暑纳凉的必备寝具哦。

定窑白釉孩儿枕

宋

高 18.3 厘米
长 30 厘米

憨态可掬的孩儿两臂环抱，右手握一绣球，两只小脚交叠，姿态自然舒适。

青红交映的釉彩华章

为瓷器点染色彩是一件看上去简单，做起来却极难的事。要精确控制烧制环境和温度是一个技术难题，稍有不慎，釉色就会变得不尽如人意。因而在陶瓷史上，每增添一种颜色总要跨越漫长的时光。沿着展柜的指引，你会发现，瓷器的色彩变得越来越鲜明、丰富，其中不乏我们再熟悉不过的青花瓷。其实早在唐代，人们就开始用源自异域的钴料在胎体上绘画，使陶器绽放青色花纹，造就了尤为珍贵的蓝釉唐三彩。

至元代，草原游牧民族对蓝天白云的崇尚投射到陶瓷之上，使青花瓷真正登上了历史舞台。当时，元代朝廷在景德镇设立“浮梁瓷局”，专门负责烧制宫廷、官府用瓷，吸纳了许多杰出的制瓷工匠。景德镇由此迅速崛起为瓷业大都会，并成功创烧出青花、釉里红等品种。

◀瓷罐顶部有一个蹲狮纽盖，小狮子乖巧地蹲坐着，仿佛瓷罐的守护神。

◀罐腹镂雕山石、牡丹、菊花等四季园景，青花和釉里红互相映衬，带来花团锦簇的感觉。

青花釉里红镂雕盖罐

元

釉里红釉料中的铜性质不稳定，使得此类瓷器烧成难度大，因而留传至今的釉里红寥寥无几。不过，景德镇的瓷匠们不惧创新，还挑战将青花与釉里红烧制在同一件瓷器上，故宫珍藏的青花釉里红镂雕盖罐，便是这段历史的完美见证。

瓷放五彩

明清以来，景德镇已发展为中国乃至世界的瓷器之都。这时青花瓷的色泽变得更加鲜艳，纹饰也越发精致和复杂，还出现了斗彩、五彩等众多闻名遐迩的瓷器品种。其中五彩瓷将红、绿、黄、紫、蓝等多种颜色集于一体，华丽夺目。敬思殿西侧的独立展柜中就有一件明嘉靖时期的五彩鱼藻纹盖罐，它的色彩绚丽且和谐，罐外壁似荡漾着一池清水，水面上还漂动着浮萍、水草和莲花。胖胖的红色游鱼穿梭其间，一幅生机勃勃的喜乐景象展示着明代瓷器的艺术魅力。

高 33.2 厘米

▲鱼藻纹是常见于瓷器的吉祥纹样，“鱼”谐音“余”，寓意富贵有余。

五彩鱼藻纹盖罐

明 嘉靖

转心瓶的玲珑巧思

清代的景德镇御窑已经正式成为“御窑厂”，其制瓷技艺随着康熙、雍正、乾隆三朝盛世的到来达到顶峰。景德镇创烧的品种中，转心瓶凭借新颖的设计与极致的工艺令人眼前一亮。

以这件黄地粉彩镂空干支字象耳转心瓶为例，它分为内外两层，内瓶是一个可自如转动的小瓶，与外瓶的颈部相连。转动内瓶时，透过镂刻于外瓶的四季景窗，可以欣赏童子嬉戏的画面。此外，随着内瓶的转动，外瓶颈部的十二天干和肩部的十二地支相互对应，可以组成一部万年历，构思相当精巧。但要知道，每件瓷器在窑中的变化都充满了不确定性，在烧结时，胎和釉都会有所收缩。哪怕是一丁点儿的误差，都可能导致精心绘制的天干、地支无法对应，或者使瓶身上下乱晃，甚至根本不能旋转。一批产品出窑，可能有大量瓷器因为微小的瑕疵而被淘汰，这背后支撑着的，是皇帝的奢华品位、御窑的极致工艺和庞大的皇室开支。

童子们有的骑着马，有的手持伞盖，有的打着灯笼，还有的在敲鼓，姿态活灵活现，充满童趣。

高 40.2 厘米
口径 19.2 厘米

黄地粉彩镂空干支字象耳转心瓶

清 乾隆

▲中国传统历法中以甲、乙、丙、丁、戊、己、庚、辛、壬、癸为十天干，子、丑、寅、卯、辰、巳、午、未、申、酉、戌、亥为十二地支，天干与地支两两组合，形成甲子、乙丑、丙寅等用于纪日、纪年，每六十个为一个周期。

登峰造极御窑瓷

乾隆皇帝在位时，清代经济文化进入高度发展的繁荣期，各种工艺美术品的制作水平也有显著提升。与此同时，中西方交流更加频繁，欧洲华丽的巴洛克和洛可可风格随传教士进入中国。可能受到了这些因素的影响，乾隆帝更偏好繁复华美的艺术品。稳“坐”敬思殿中心位置的各种釉彩大瓶，自上而下装饰的釉、彩多达十五

层，正是乾隆朝瓷器的典范，亦是中国陶瓷发展史上的巅峰之作。工匠要将烧制条件差异极大的各种工艺都汇集在这一个瓷瓶上，难度之大可想而知。因此，各种釉彩大瓶传世仅一件，弥足珍贵，其“瓷母”的美称绝非虚名。

各种釉彩大瓶

清 乾隆

▼瓶腹有十二幅精致的吉祥图案，给人目不暇接的感觉。其中六幅写实图画多取谐音字意来表达吉祥含义，比如童子击磬表示吉庆有余等。另六幅图案则分别寓意“万”“福”“如意”“辟邪”“长寿”和“富贵”。

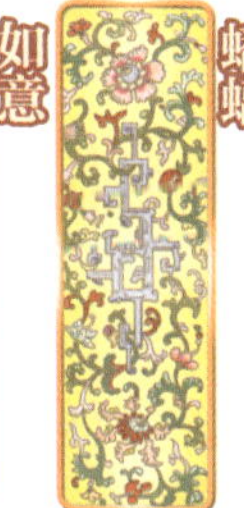

“脑洞”大开的清代瓷器

◀珐琅彩瓷是将铜胎画法琅的技法移植到瓷胎上而烧造的彩瓷新品种。

乾隆款胭脂红蓝地轧道珐琅彩折枝花纹合欢瓶

清 乾隆

▶这件陶瓷果品盘中螃蟹和果子的仿生效果十分精湛，而且都蕴含着吉祥寓意。例如，螃蟹代表“一甲”，意指科举殿试中的第一名；核桃和石榴象征多子多福；枣、花生、瓜子等则有“早生贵子”的寓意。

粉彩像生瓷果品盘 清 乾隆

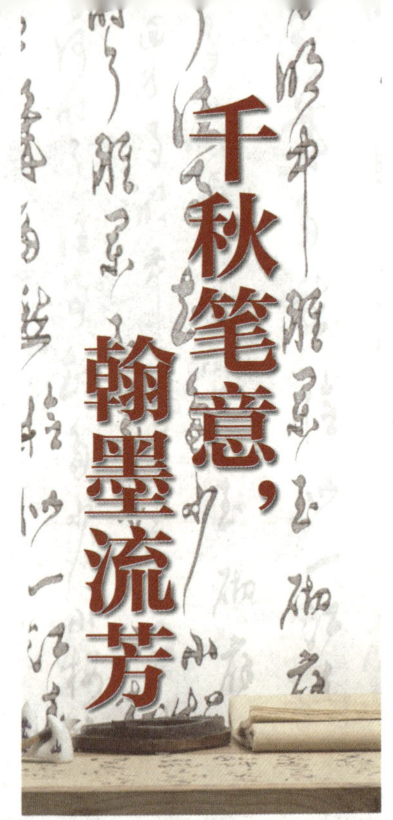

千秋笔意，翰墨流芳

汉字是华夏文明的符号和记忆，当横竖撇点落于宣纸之上，便有了中国人的美学“天花板”——书法。明清两代宫廷收藏了历代书法作品中的精品，故宫博物院的书画馆便设在文华殿中，等待你体会汉字书写之美。

一生只得一回见

故宫收藏的书画作品中有中国现存最早的书法真迹《平复帖》卷，其书写年代距今已有1700余年；“诗仙”李白唯一传世墨迹《上阳台帖》，距今已有近1300年；目前所见历史最悠久的纸本绘画《五牛图》卷，距今至少有1200年历史……而文物界有“纸千年，绢八百”的说法，即看似柔弱的纸张，能在保存得当时跨越千年不朽，而绢可能只能保存800年左右，这说明了纸绢文物有寿命上限。

正因为书画藏品数量之巨、纸绢文物质地之脆弱、稀世孤本价值之珍贵，故宫书画馆只能采用分批、分主题展出的方式，在保护好文物的前提下，将它们呈现给观众。部分文物在展出后，还需“休眠”至少三年才能再次展出。这意味着，有些古书画我们一生可能只有一次机会见到，每一次展览都是一次难得的相遇，每一件展品都值得我们细细品味。

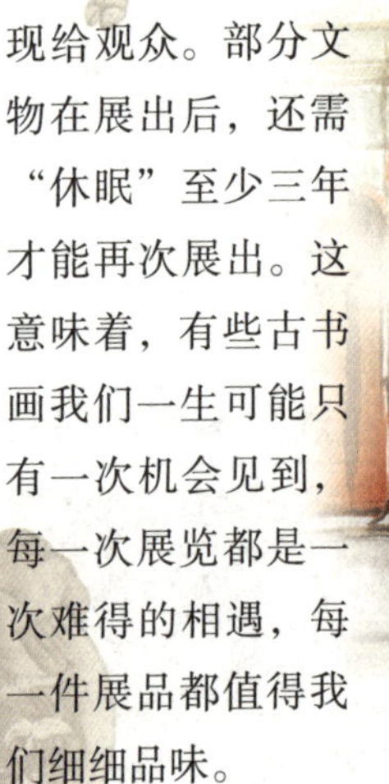

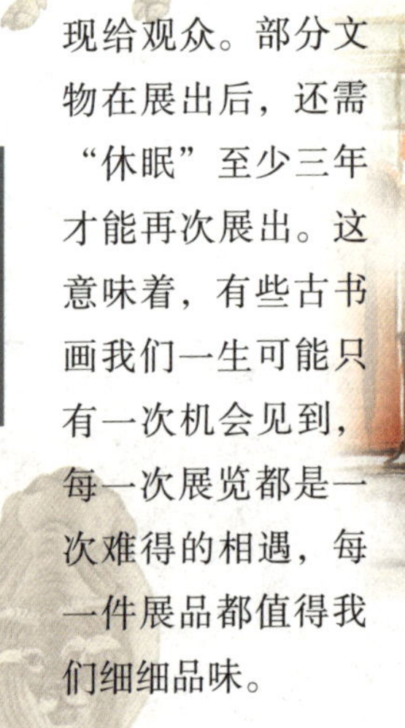

文华门

一字万金的篆书之祖

石鼓 战国·秦

石鼓上的文字古朴浑厚，堪称篆书之祖，影响了后世的书法艺术。

皇极殿后有一座庑房，专门用于安置10块石鼓。这些大石头看起来粗粗笨笨，却是古老的秦国遗物，记录着我国现存最早的一组石刻文字，代表着几千年从未中断的中华文脉。

法帖之祖，尽显名士风流

作为中国书法的重要发展时期，西晋承前启后，引导着中国书法走向一个新的阶段，而陆机的出现则是这一时期的“高光时刻”。他生于永安四年(261)，祖父是吴国丞相陆逊，父亲是吴国大司马陆抗。陆机从小就接受严格的贵族教育，具备超出常人的审美趣味。他所创作的《平复帖》没有循规蹈矩，而是率性、自然，字态顺势而变，显现出超凡的才情和文学功底。你可以想象，陆机匆匆忙忙提起被写秃的毛笔，让笔端随着心意流动，写就一封给病难痊愈的友人的书信，在无意中创造了书法的历史。“无意于佳乃佳”是陆机创作的心境，也是后世文人书法创作的最高境界。正因如此，《平复帖》这短短九行八十六个字，在1700多年间都有着“墨皇”的盛誉。

国之珍宝，永存吾土

20世纪初期，张伯驹先生与夫人潘素为阻止祖国文物流落海外，不惜代价地购藏书画名迹，而后又将其中的精品献于国家，《平复帖》卷、《游春图》卷、《上阳台帖》等珍贵古书画才得以珍藏于故宫。

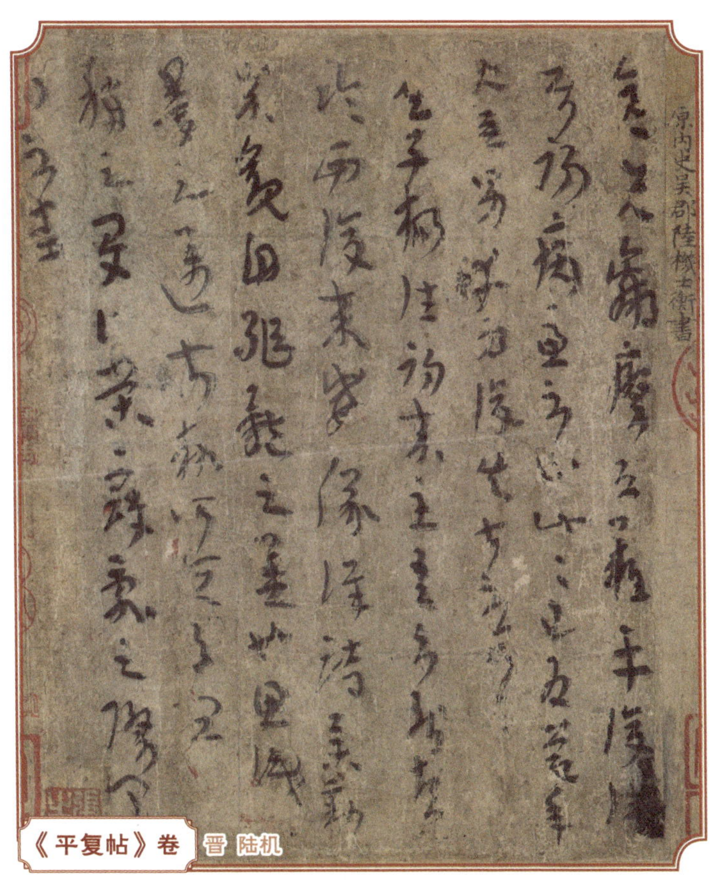

《平复帖》卷 晋 陆机

▲陆机无须考虑每个字的正斜和大小，也不用在意笔触的粗糙或细致，只是任由内心的情感恣意倾泻挥洒，只求将心中情绪一吐为快，这正是魏晋士人精神的充分体现。

彦先羸瘵(zhài)

恐难平复

天下第一行书帖

《兰亭序》为著名书法家王羲之于东晋永和九年(353)所书，尽管其真迹已随葬于唐太宗昭陵，可这丝毫不影响后世文人对它的喜爱与推崇，王羲之更是成为书法史上不可撼动的“书圣”。有记载，唐太宗对王羲之推崇备至，不仅称赞其书法“尽善尽美”，还敕令虞世南、褚遂良、冯承素等书法家按《兰亭序》原墨迹精心复制摹本，为今天我们研究王羲之及历代书法留下了极其珍贵的资料。其中，冯承素所摹被视为“下真迹一等”的最佳摹本。

永和九年

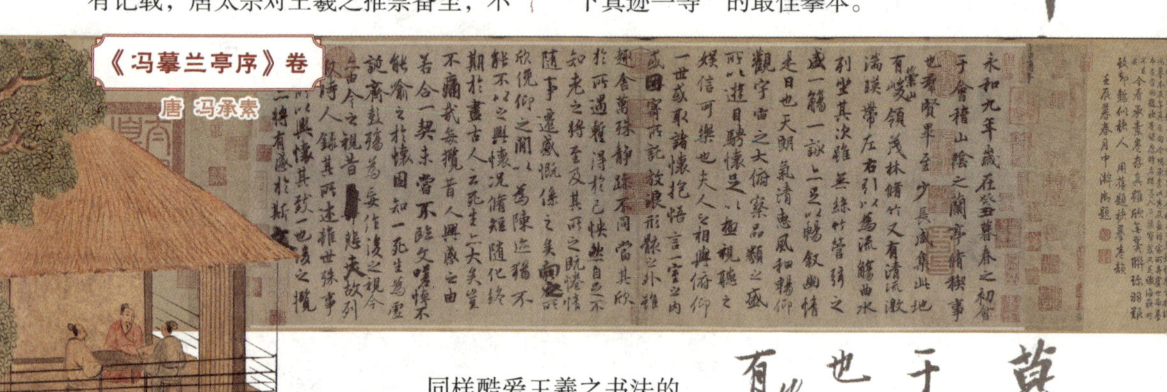

《冯摹兰亭序》卷

唐 冯承素

同样酷爱王羲之书法的皇帝还有乾隆。他将收集到的包括三卷唐代摹本在内的八卷兰亭摹本刻于圆明园“坐石临流”亭的八根石柱之上，称为“兰亭八柱”。这八件原迹现均收藏于故宫博物院，“兰亭八柱”则立于北京中山公园内。

暮春之初會于會稽山陰之蘭也羣賢畢至少長有崇山峻領茂林脩竹

▼三月初三上巳节，王羲之与谢安、孙绰等名士相聚于会稽（今浙江绍兴）山阴兰亭。众人在蜿蜒曲折的溪水两畔席地而坐，让酒杯从上游顺流而下，停在谁的面前，谁就取来饮用并赋诗一首，称为“曲水流觞”。

“永和九年，岁在癸丑，暮春之初，会于会稽山阴之兰亭，修禊事也。”这场兰亭集会被认为是中国古代最风雅的一次文人集会。王羲之的《兰亭序》被誉为“天下第一行书”，现已成为超越书法艺术的文化符号而彪炳史册。

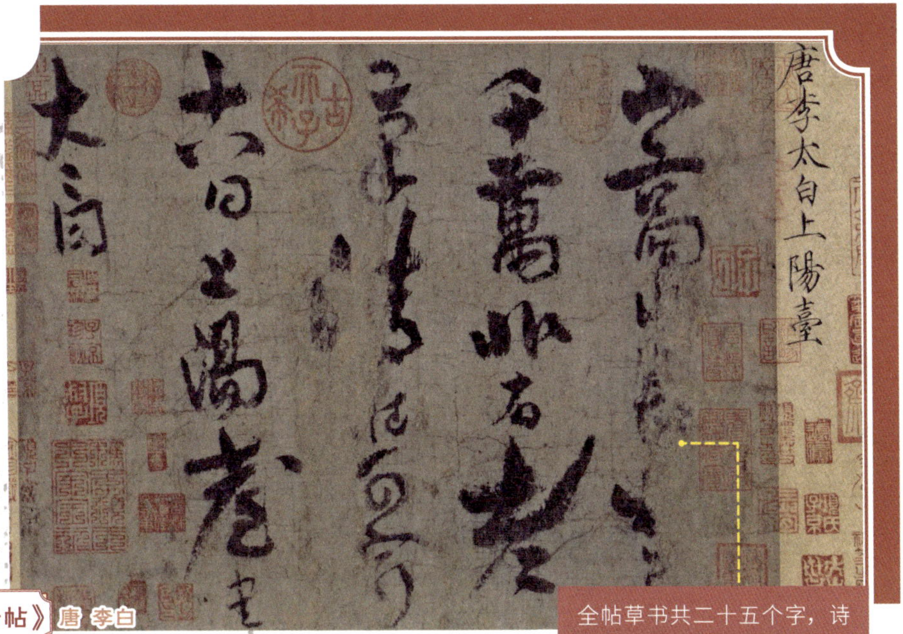

《上阳台帖》唐 李白

全帖草书共二十五个字，诗仙的浪漫奔放流溢笔端。

“诗仙”唯一的传世真迹

人们总为唐诗沉醉，因为它代表了中华文化的一个高峰，而事实上与诗并生的书法在唐代也取得了耀眼的成就。盛唐时，人们崇尚行草、狂草，字迹龙飞凤舞，气势磅礴，力求打破和谐。就像是那个时代的人，身上都洋溢着饱满的活力，充满追求自由和浪漫的激情。大唐诗坛最为耀眼的明珠——李白，其书法也充满率性的气质。《上阳台帖》大约写于唐玄宗天宝三年(744)，那时的李白虽以诗名传世，却在仕途屡受冷遇。这一年，他离开长安，在洛阳偶遇杜甫，两人相约出游，前去王屋山阳台观拜访道士司马承祯，抵达后才知道长已仙逝。豪放洒脱的李白非但不为此行感到遗憾，反而挥毫泼墨写下自咏四言诗：“山高水长，物象千万，非有老笔，清壮可穷。十八日，上阳台书，太白。”千年之间，时光流转，唯有这一卷字帖，忠诚地存留着“诗仙”神韵，方便后人与他对话古今。

《上阳台帖》引首有乾隆皇帝楷书题写的“青莲逸翰”四字。

《李白行吟图》南宋 梁楷

藏丁东京国立博物馆

走入故宫里的中国画境

故宫博物院收藏的近五万件绘画作品，几乎跨越了中国绘画发展历程的每一个阶段。许多稀世珍品因备受帝王喜爱而汇集于故宫，让我们得以在今日徐徐漫步于纸中画境，去寻觅一段段艺术传奇。

《洛神赋图》卷（局部） 晋 顾恺之（宋摹）

◀君王及随行侍从在洛水河畔暂作休整，目睹水面上洛神"翩若惊鸿，婉若游龙"的绝世风姿，深深为之吸引。洛神凌波而来，含情脉脉，顾盼生辉，欲行又止。

洛水边的惊鸿一瞥

公元 223 年，雍丘王曹植奉命与白马王曹彪、任城王曹彰前往京都（今洛阳）朝拜。曹植对此次行程充满期待，但当他车马奔波抵达洛阳，却发现一切并不如意。连绵不断的大雨使河水泛滥，毁坏建筑与道路，更糟的是，他的哥哥曹彰突然去世了。当曹植要与曹彪返回各自的封国时，又被禁止同行。四处碰壁的曹植写下诗作感慨"谗巧令亲疏""天命与我违"，创作了名篇《洛神赋》。他以对话的形式，讲述了一位君王在从京都返回封地的途中，于洛河边邂逅洛河女神宓（fú）妃的故事。

◀君王与洛神相互爱慕，互诉衷肠，洛神时而凌空舞蹈，时而徜徉于水面。

《洛神赋图》卷由东晋画家顾恺之依据曹植的《洛神赋》创作，被认为是中国第一幅改编自文学作品的画作，也是"中国十大传世名画"之一。顾恺之以轻盈流畅的线条和细腻古朴的笔触，

▲然而终归人神殊途，洛神乘坐六龙云车乘风而去。

▶君王独坐洛水岸边，目送洛神远去，神情无限悲伤，离别的愁闷溢满画作。

巧妙地勾勒出“远而望之，皎若太阳升朝霞；迫而察之，灼若芙蕖出渌波”的洛神，仙子的灵动形象跃然纸上。她云髻高绾，身姿飘逸，步履轻盈如风。整幅画卷虽采用类似连环画的叙事形式，但画面却巧妙地融为一体，通过山石、林木、河水等元素，将不同情景自然而然地分隔开来，和谐统一的构图赋予了作品诗歌般的韵律美。

摹本传世，魏晋风流

直到今天，我们依旧会被《洛神赋》所讲述的真挚纯洁又哀怨凄美的爱情故事打动，可以想象顾恺之在读到曹植的辞赋后，有感而发绘成《洛神赋图》卷的情境。令人遗憾的是，顾恺之的真迹已经失传，在目前传世的四卷宋摹本中，故宫博物院所藏的摹本被广泛认为是最接近顾恺之原作的版本，颇具六朝遗韵，不失为一件国宝级作品。

《人物故事图》册之贵妃晓妆（局部）

明 仇英

《杜秋图》卷（局部）

元 周朗

《挥扇仕女图》卷（局部）

唐 周昉

稀世名笔《五牛图》

相传，唐代名臣韩滉平日忙于公务，某日前往乡间踏青时，看到田野间耕牛吃草、牧童嬉闹的场景感觉心旷神怡，于是回家后不断揣摩，细致描绘，完成了传世名画《五牛图》。牛作为我们日常生活中极为常见且与人类关系紧密的动物，在画作中象征着坚忍与踏实，同时也映射出画家内心对悠然自得的生活的向往。这样一卷以耕牛为主题的画作反映了唐代鼓励农耕的历史背景，意义深远。《五牛图》是中国现存最古老的纸本中国画之一，与秦石鼓、陆机《平复帖》、定窑孩儿枕等文物被考古文博专家评选为“镇国之宝”。

画家将鲜明的性格投射在牛的动作、神态中，使整幅画作富有厚重与朴拙之趣，不需要繁复的背景衬托便极富意趣。

哞

哞

▶牛口鼻处的细腻毛发，炯炯有神的目光，清晰的骨骼、筋肉，都被韩滉以老练的笔法捕捉下来。

然而，这件国宝曾在八国联军攻陷北京后遭劫掠，下落不明。中华人民共和国成立后，伤痕累累的《五牛图》在香港重现，并被公开拍卖。周恩来总理得知此事后，立刻指示文化部，不惜一切代价购回了《五牛图》，并交由故宫博物院文物修复厂的专家孙承枚先生进行修复，《五牛图》这才得以重现往日光彩。

▶乾隆皇帝在《五牛图》上留下了多个玺印。

《五牛图》

唐 韩滉

战马情结中隐藏的千秋家国梦

中国历史上的名马数不胜数，唐代的“昭陵六骏”可以说是战马的象征。在唐太宗李世民骑马征战的无数次生死瞬间，陪伴他的就是这六匹战马：飒露紫、拳毛䯄（guā）、白蹄乌、特勤骠、青骓（zhuī）与什伐赤。贞观十年(636)，皇后长孙氏去世，李世民在营建昭陵时命画家阎立本绘制“六骏”图像，工艺家阎立德根据原画在青石上雕刻，分列于昭陵前，既彰显李世民的赫赫战功，也告诫子孙后代“不要忘记创业艰难”。

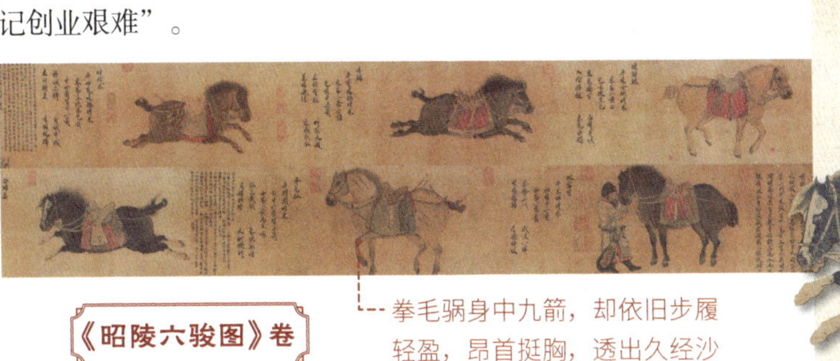

《昭陵六骏图》卷

金 赵霖

拳毛䯄身中九箭，却依旧步履轻盈，昂首挺胸，透出久经沙场的不凡气质。

几百年后，金代画家赵霖在观赏昭陵六骏石刻时，被它们的形态、精神所感动，画下《昭陵六骏图》卷，并由书法家赵秉文在每匹骏马旁写下题赞，记录它们的名称、所经战事、毛色及负伤情况。至清乾隆年间，《昭陵六骏图》卷被宫廷收藏，乾隆帝曾先后三次在画卷上题诗。

1914年，“飒露紫”及“拳毛䯄”石刻被盗运至美国，现藏于美国宾夕法尼亚大学考古学与人类学博物馆；其余四块石刻则遭到不同程度的损坏，现保存于西安碑林博物馆。而赵霖的《昭陵六骏图》卷将石刻上的骏马转移到绢本之中，从清宫延传至今，让观者在千年之后还能看到当年昭陵六骏的原貌，显得尤为珍贵。

北宋盛世画中留

若要以一幅画作展示宋朝的魅力，那无疑要选择故宫的镇院之宝——北宋张择端所绘《清明上河图》卷。这幅长达528厘米的画卷，就像一部百科全书，详尽地记录了北宋时期的社会面貌，囊括商业、交通、建筑、饮食、服饰等。画中街市熙熙攘攘，各行各业的人物形象鲜活生动，让人一眼便能感受到那个时代的繁华与多彩。

画卷从近郊的田园风光开始，逐渐过渡到繁忙的汴河码头。一边是农夫耕作的宁静，一边则是货船云集的热闹，这种对比，巧妙地展现了宋朝城乡生活的多样性。当画面延展至虹桥，桥上人群摩肩接踵，桥下满载货物的舟船络绎不绝，码头上船工拉纤卸货，岸边店铺生意红火……你仿佛能听到市民的谈话声，感受到汴京的喧嚣。在画卷的最后，热闹的街市中有酒肆、肉铺、诊所、寺院、香药铺等，行人以不同的交通工具出行。画中每个场景都具有很强的写实性，带我们穿越时空，体验北宋风情。

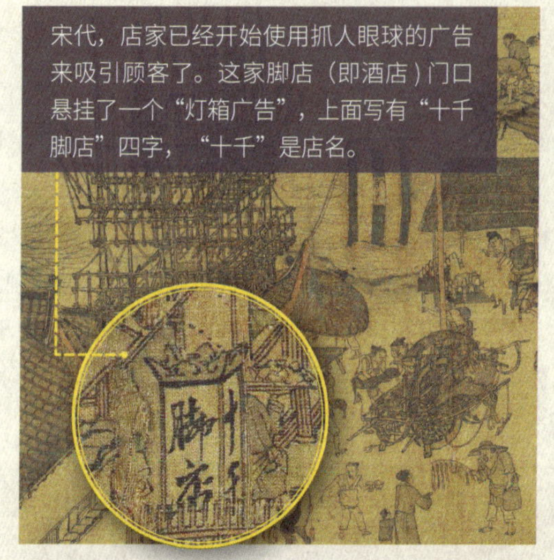

宋代，店家已经开始使用抓人眼球的广告来吸引顾客了。这家脚店（即酒店）门口悬挂了一个“灯箱广告”，上面写有“十千脚店”四字，“十千”是店名。

宋代流行推步占卜、看命决疑，汴京街头有很多以此为生的人，这正中坐着的便是算命先生。

《清明上河图》卷（局部） 北宋 张择端

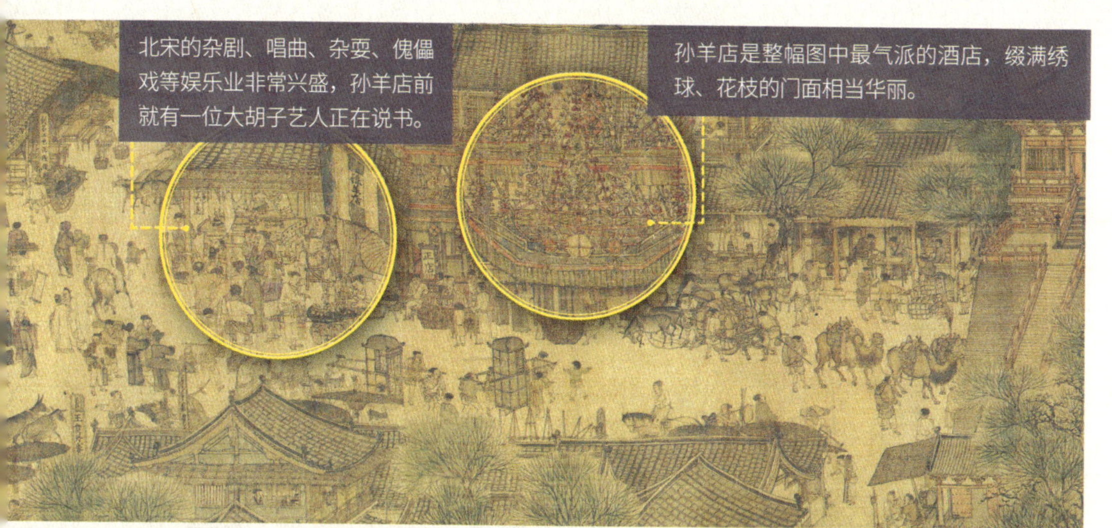
北宋的杂剧、唱曲、杂耍、傀儡戏等娱乐业非常兴盛，孙羊店前就有一位大胡子艺人正在说书。

孙羊店是整幅图中最气派的酒店，缀满绣球、花枝的门面相当华丽。

市郊河堤上的重重烟柳被誉为“汴京八景”之一，亦有防洪抗险的作用。

从题跋、钤印看国宝命运

题跋是写在书籍、字画、碑帖等前后的“题识之辞”，《清明上河图》全卷共有 13 家题跋，钤 (qián) 96 方印，暗藏着它近千年来“四出五进”宫门的多舛命运。

“石渠宝笈”

“嘉庆御览之宝”

“宣统御览之宝”

- 《清明上河图》为北宋宫廷收藏，后因“靖康之变”流入民间。
- 元朝建立后再次为皇家所有，于元朝后期被盗出。
- 几经辗转，于明朝中期为权臣严嵩所得，而后入藏宫廷。
- 明万历年间，被太监冯保盗出，流落民间。
- 至清嘉庆时期再度入宫，被收入《石渠宝笈三编》。
- 民国初年，溥仪以赏赐的名义将其偷运出宫。
- 1955 年《清明上河图》回到故宫博物院，结束了颠簸流转的命运。

画家在 500 余人物间穿插各种情节，使画面疏密有度，展现出超强的画面掌控力。

张择端不仅看到了北宋商贸的繁荣和市民生活的多姿多彩，还敏锐地发现了盛世中潜藏的社会危机。那时的汴京依赖汴河漕运来供应市民的日常所需，而宋徽宗竟让运粮食的官府漕船改运自己喜爱的太湖石，致使官仓空虚，物价飞涨，使北宋末年的社会更加动荡。《清明上河图》中运粮的都是私人船只，这显示出官方在粮食管控上开始松懈了。

整卷画作的高潮部分，是一艘航船已经驶近虹桥，但船上高耸的桅杆却没能及时放倒，眼看就要撞了上去。在此危急时刻，不仅船工在争分夺秒地忙碌，桥上和岸上的行人也都在紧张地观望。这种焦灼紧张的气氛也是对当时社会矛盾的一种渲染。

《清明上河图》真迹的四次罕见亮相

《石渠宝笈》是清乾隆、嘉庆时期编纂的皇家书画珍藏目录，收录历朝名作近万件。

- 二〇〇五年：在庆祝故宫博物院八十岁生日时展出。
- 二〇〇七年：为香港回归十周年献礼，于香港艺术馆展出。

- 二〇一二年：在日本的东京国立博物馆展出。
- 二〇一五年：在故宫博物院举办的“石渠宝笈特展”中展出。

天才少年笔下的壮美山河

在故宫的书画珍藏中，与《清明上河图》卷一样描绘了北宋风光的，还有中国青绿山水画巨作《千里江山图》卷。这两幅图卷分别从现实与理想的角度，向世人展示了那个繁荣时代的面貌。

宋徽宗时期，宫廷画院鼎盛，汇集了来自各地的优秀画家。王希孟年仅十余岁便考入画院，赢得了皇帝的青睐，宋徽宗甚至亲自指导其绘画。于是，年少疏狂、雄心勃勃的他决定创作一幅展现大宋锦绣江山的长卷献给宋徽宗。时年 18 岁的王希孟，仅用半年时间就创作完成了这幅近 12 米长的杰作《千里江山图》卷，这足以令他跻身最伟大的画家之列，然而他却在画作完成后不久就离开了人世，只剩北宋的山河仍在画中熠熠生辉。

画作中的主要颜料是由孔雀石、蓝铜矿等矿物研磨、调和而成的，色泽绚烂，能将青绿山水渲染得更为苍翠厚重，历经千年而不褪色。

王希孟以独特的散点透视法，将千山万壑、长桥渔村、楼台殿阁等尽收眼底，气势宏阔又不失细腻生动。

《千里江山图》卷（局部） 北宋 王希孟

流金溢彩，珠玉琳琅

你曾想象过一座充满奢华氛围的古代珍宝库吗？在那里，金、银、玉、翠交相辉映，各种材质珍稀、用料靡费、制作精巧的宝物让人目不暇接——故宫珍宝馆便是这样一座真实存在的宝库。

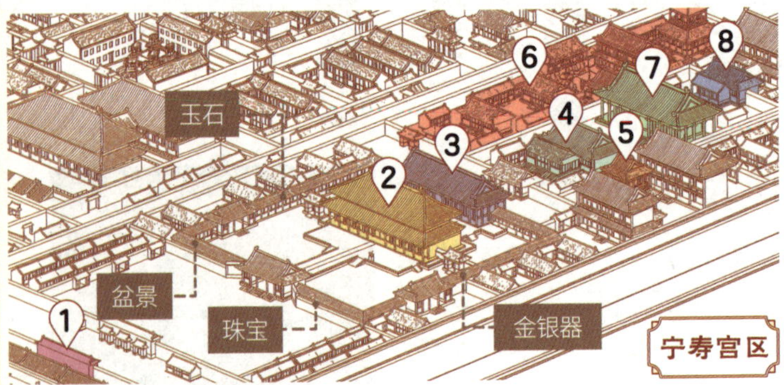

❶ 九龙壁　❷ 皇极殿
❸ 宁寿宫　❹ 养性殿
❺ 畅音阁　❻ 宁寿宫花园
❼ 乐寿堂　❽ 颐和轩

▼ 乐寿堂内陈列着故宫最大的玉雕，巨型玉石上雕刻大禹引领民众开山凿石、疏通江河的情景。

乐寿堂内大量使用紫檀、花梨等贵重木材，装修雍容华贵。

珍宝馆与太上皇宫

逛完文华殿，沿外朝东路笔直的宫墙向北至一片开阔的空地处，便能抵达宁寿宫区的入口——锡庆门，门内气势磅礴的九龙壁彰显了宁寿宫区的不凡地位。这片宫殿区在建筑格局上尤为特殊，它拥有独立中轴线，可划分出外朝和内廷，俨然一座微缩故宫。这组自成体系的宫中之宫，就是乾隆皇帝为自己准备

民众利用重锤撞击山体。

玉山上出现了许多开山机械，展现了劳动人民的聪明才智。

这座玉山耗时6年雕成，精细生动，堪称稀世珍宝。

青玉大禹治水图山子
清 乾隆

的“退休”尊养之地。故宫珍宝馆结合宁寿宫区的建筑特色，将珠宝、金银、玉石、盆景类文物分别陈列在皇极殿两侧的廊庑中，养性殿、乐寿堂及颐和轩则依据历史原状来陈设。

乾隆帝的『禅让』

嘉庆元年（1796）正月初一，85 岁的乾隆帝将皇位禅让给皇太子永琰（后改为颙琰）。不过，在之后的几年里，身为太上皇的乾隆帝却是“退而不休”，仍住在养心殿掌控朝政直至驾崩，因此他实际上一天也没在宁寿宫住过。

结珠铺翠，金玉满头

20 世纪 50 年代，位于北京市昌平区的明定陵中出土了四顶凤冠：属于孝端皇后的九龙九凤冠和六龙三凤冠，以及属于孝靖皇后的十二龙九凤冠和三龙二凤冠，其中九龙九凤冠入藏中国国家博物馆，三龙二凤冠入藏故宫博物院，另两顶则保存于明十三陵管理中心。皇极殿东侧廊庑内的珠宝展厅，便陈列着这件装饰有飞凤一对、金龙三条、宝石近百块、大小珍珠数千颗的珍贵凤冠。

冠顶部饰有等距排列的金龙三条，金龙口衔珠宝流苏。

▼凤冠以髹漆细竹丝编制，通体饰色泽鲜艳的点翠如意云片，其丝绢般的光泽来自翠鸟的羽毛，由于这种点翠工艺会伤害濒危的翠鸟，因此现在已被禁止。

◀冠后部有六扇用珍珠、宝石制成的『博鬓』，呈扇形向左右分开。

点翠嵌珠石金龙凤冠

明 万历

重 2.95 千克

当金银器与星辰相遇

金银器象征着各代王朝的财富，也代表着一个时代工艺发展的水平。清代皇室的御用金银器制作十分兴盛，而且用材奢靡、品类丰富，用途涉及礼制、宗教、陈设、日用等各个方面。故宫珍宝馆里展出的清宫旧藏金银器，如今仍闪耀光泽，体现出鲜明的宫廷特色。其中有一件特别的科学仪器，上面用珍珠镶嵌 28 星宿、300 个星座和 2200 多颗星，是流传至今的唯一一件以黄金制成的天球仪模型。

子午圈一面装饰珐琅，一面以篆书标出度数。

架高 61.5 厘米
天球直径 29.5 厘米

▶天球内隐藏有可以奏乐及报时的机械，上弦后球体会转动，逢 0 点、6 点、12 点和 18 点会奏乐。
▶珍珠越大，其代表的星就越亮。

底座安装有罗盘，座上标有东、南、西、北四字，以便固定天球仪的摆放位置。

金嵌珍珠天球仪 清 乾隆

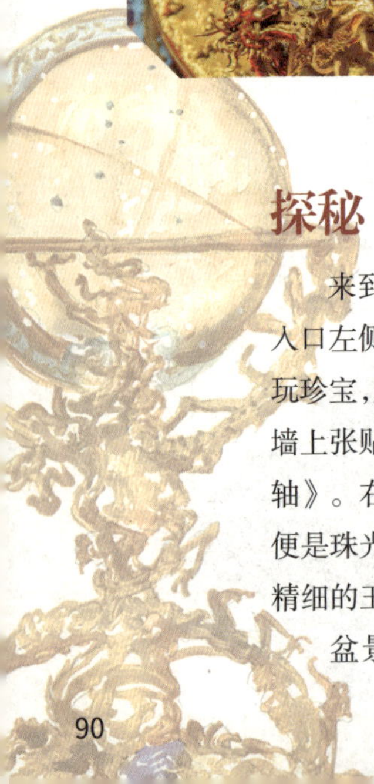

探秘“多宝阁”

来到皇极殿西侧的展厅内，入口左侧还原的是皇帝在榻上赏玩珍宝，颇具儒雅格调的小场景，墙上张贴《乾隆皇帝是一是二图轴》。右侧高低错落的格口内，便是珠光宝气的玉石盆景及雕刻精细的玉石器。

盆景是在盆中再现自然林木、山水风景的艺术，起源于 1300 多年前，在清代尤为盛行。相较于易受天时影响、不便养护的天然盆景，清代宫廷似乎更偏爱用珠宝代替花果草木，这样的像生盆景不论寒暑，始终鲜艳绚烂。

继续徜徉于奇珍异宝间，你定能对宫廷珠宝的好尚有些了解：温润尊贵的玉，似玉的美石如水晶、玛瑙，远道而来的琥珀、青金石，色泽鲜明的孔雀石、绿松石、珊瑚……每一件都折射出宫廷生活的堂皇富丽、工匠的精湛技艺和无尽创造力。

▶图上乾隆皇帝御题："是一是二，不即不离。儒可墨可，何虑何思。"意思是儒、墨两家中国传统的哲学思想，就像坐榻之上与画像之中的他，关系密不可分。

《乾隆皇帝是一是二图》轴 清

万福万寿多宝格

多宝格也称"博古架"，是专门陈设文玩珍宝的柜子，盛行于清代。养性殿明间内设有故宫多宝格中规模最大的万福万寿多宝格，其饰有大量蝙蝠、仙桃等寓意福寿的纹样。据文献记载，这座多宝格为慈禧太后六十大寿时所造。

你能在珍宝馆找到它们吗？

1

玉器中间虚掩的洞门两侧，两位女子正透过门缝对视。这是清代玉匠利用做碗剩下的废材雕琢而成的。

2

3

掐丝珐琅是将铜扁丝掐成花纹焊接在器物表面，然后填充珐琅釉料、焙烧、打磨等，让器物更显华丽的工艺，其中以铜器作胎的又叫"景泰蓝"。

4

梅花瓣使用284粒红宝石制成。

5

6

如意首、中、尾三部分有可活动的盖子，打开后能放置香料。

① 白玉雕桐荫仕女图山子 ② 玛瑙灵芝松桩式花插 ③ 金胎掐丝珐琅嵌画珐琅人物图葫芦式执壶
④ 铜镀金錾寿字盆红宝石梅花盆景 ⑤ 孔雀石盘 ⑥ 金錾花卉嵌珠宝如意式香熏

古董钟表与时间的故事

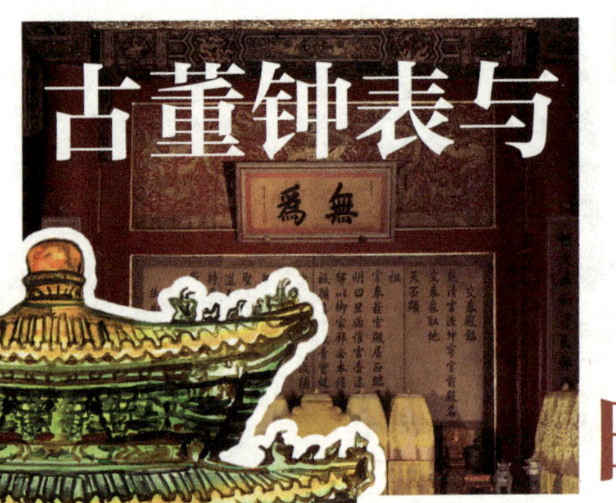

位于内廷东侧的奉先殿在过去是明清皇室祭祀祖先的家庙。数百年时光过去，紫禁城中的故事早已成为历史，这座建筑则有了新的使命，它与上百件精巧的宫廷钟表一起，讲述着一段关于时间的传奇。

从漏刻到自鸣钟

交泰殿东次间陈列着一座清乾隆年制的铜壶滴漏，它巧妙地利用水的匀速流动来计时，是凝聚着先民智慧的中国传统计时工具。不过，自明万历年间意大利传教士利玛窦进献自鸣钟起，代代相承的漏刻计时器便遭遇危机，慢慢被结构精密、可自动报时的西洋钟表取代。陈设于交泰殿西次间，可与铜壶滴漏“比肩”的大自鸣钟，是清嘉庆时制造的，其内部机械依靠表坠摆动带来的动力运转，计时精准，一时一鸣，一刻一响，清脆洪亮的钟声可以传到乾清门外。

铜壶滴漏 清 乾隆

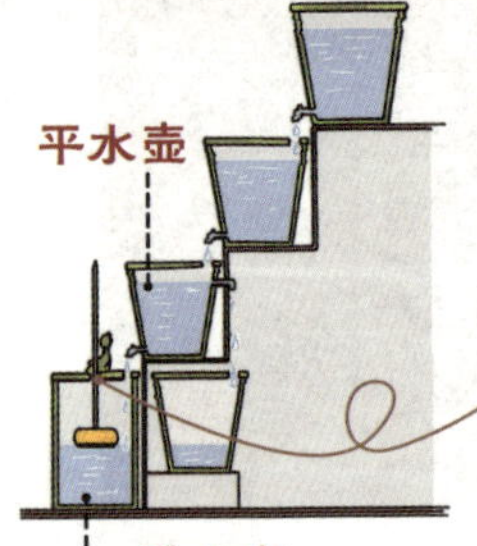

▼这座铜壶滴漏利用上下铜壶不断为平水壶补水、泄水，使平水壶中的水始终恒定并均匀滴落至下方的受水壶中。受水壶的水位上涨，壶盖上铜人怀里的箭就慢慢上浮，人们能通过箭上的刻度确定时间。

大自鸣钟 清 嘉庆

▶这座大自鸣钟报时、报刻的声音各不相同。

奉先殿钟表馆

随着越来越华贵、复杂的钟表从英、法、瑞士等国不断流入清宫，皇帝感受到了机械的魅力，却只将它视为玩物，没有意识到其中蕴含着改变世界的力量，亦未感受到现代工业的发展给落后的清王朝带来的巨大冲击。走进位于奉先殿的钟表馆，你会看到不同时期，来自不同国家、不同地域的钟表各出奇巧，使钟表馆成为世界博物馆钟表收藏中的翘楚。

铜热气球式钟

上弦启动钟表后，热气球会带着筐里的海员不断摆动。

虽说它是一座钟表，但用于计时的只有顶部的小表盘。

高 169 厘米
底径 85 厘米

铜镀金七政仪表

七政盘用于演示哥白尼日心说，依次有水星、金星、地球、火星、木星、土星围绕太阳运转。

地球和木星、土星周围还有卫星轨道。

在钟表馆的展品中，许多工业题材的钟表反映了当时欧洲涌现的科学活动与新技术，多变的造型与鸟音、魔术、水法等活动机械，体现了当时西方国家在机械制造、金属工艺、雕刻、珐琅等方面的高超技艺。

清中后期，经过不断的学习、精进，皇家做钟处以及广州的能人巧匠也掌握了高超的钟表制造技艺，他们的奇思妙想令人赞叹，奢华的紫檀木搭配亭、台、楼、阁等建筑式样，以及富有吉祥含义的器形或题材，展现着中国传统美学的魅力。

◀广州钟表大多是为皇宫生产的贡品，表面多装饰色彩鲜艳的珐琅。

▶这座四层钟楼式的钟表，采用嵌金、银花的蓝色珐琅钟面。启动表演系统后，乐声响起，钟楼各层的转花、人物和水法都运转起来，顶层门中的银象鼻子翻卷、象尾摆动，寓意“万象更新”。

85厘米

铜镀金转柱太平有象钟

钟顶扣着三个小铜钟，报刻时，绳索牵动小锤敲击下面两个铜钟，发出“叮当”声；正点时，小锤敲击最上面的铜钟发出“当当”声。

70厘米

木楼钟表面饰以梅、竹、菊图案，显得格外雅致。

黑漆描金木楼钟

钟表各部分上弦后，伴随着催人前进的乐曲，健硕的大象和四轮战车将沿弧形轨迹缓缓行驶。

铜镀金象拉战车钟

高70厘米
长136厘米

◀大象的眼睛会转动，耳朵、鼻子和尾巴则能灵活摆动。方箱上的指挥官还会转身眺望四周情况。

钟鸣奇巧，书法娟秀

拥有独立展柜，高超过两米的铜镀金写字人钟，是钟表馆内最引人注目的展件之一。其造型为四层楼阁，底层的写字机械人是这座钟表最精彩的部分——他身穿欧洲绅士服饰，单腿跪地，上弦后会一笔一画地在纸上写下“八方向化，九土来王”八个工整的汉字。这也许是乾隆皇帝见到的第一个会写字的机械人，他备感新奇，不断要求从法国来的钟表机械师汪达洪进行改进，希望机械人除了能写汉字，还能写满、蒙、藏等文字。

◀最顶层是一个圆形的亭子，有两个铜人举着一个圆筒在亭子里作舞蹈状。启动机关后，铜人会旋转着拉开距离，展开一个写着“万寿无疆”字样的横幅。

◀第三层阁楼里坐着一个敲钟人，每当时钟报完3点、6点、9点和12点，敲钟人就会用手中的小棍敲打钟碗奏乐。

铜镀金写字人钟

> 嘉庆年间，在做钟处供职的西洋机械师全部离开宫廷，清宫钟表制作趋于式微。到了1924年，随着溥仪被驱逐出宫，做钟处不复存在。不过，当时仍有一些维修人员留在宫中，将古钟表修复技术传承下来，使大量钟表得到保护。今日，人们才得以一睹这些精美绝伦的钟表珍品。

▶控制绅士机械人的装置由三个依据汉字笔画和笔锋精心设计的圆盘组成。上下两盘分别控制字的横、竖笔画，中盘控制笔尖上下移动，共同实现机械人流畅的书写动作。

故宫里的文物医院

历史文物历经数百乃至上千年，往往存在不同程度的破损。故宫“文物医院”传承的古字画装裱修复技艺、古书画临摹复制技艺、青铜器修复及复制技艺、古钟表修复技艺让无数奇珍异宝得以传承，被列为国家级非物质文化遗产。

古字画装裱修复技艺是我国独特的传统手工技艺，从最初的简单修复到如今技艺成熟，已有一千七百多年的历史。故宫应用这一技艺对《清明上河图》卷、《五牛图》卷、《韩熙载夜宴图》卷等国宝级书画文物进行了妥善修复。

古字画装裱修复过程

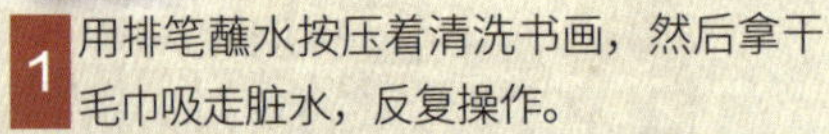

1 用排笔蘸水按压着清洗书画，然后拿干毛巾吸走脏水，反复操作。

2 字画的画心背后托着一层命纸、两层褙纸，修复时要小心地将旧褙纸和命纸揭掉，避免损害画心。

3 画心有缺失的要用同类型的纸或绢来补。

4 用一张新的命纸托住画心。

5 补过的位置要用马蹄刀把接触面突起的地方刮平。

6 用表面光滑的长形鹅卵石对褙纸进行砑（yà）磨，使之光洁柔软。

7 后补的纸绢颜色浅，画面也有缺失，所以要进行全色和接笔，使画面完整。

8 装配天地杆后完成全部装裱。

绘画材料质地脆弱，很难长久保存，所以临摹复制对古书画艺术及技法的传承十分重要。几代文物保护工作者不仅弥合了《清明上河图》卷等古书画的伤痕，还通过临摹和数字多媒体技术赋予它们新生。摹画师使用传统工艺及材料，使所摹作品在最大限度上接近原件，所画摹本往往也作为文物被收藏。

青铜器修复过程

中国拥有悠久的青铜器铸造历史，伴随产生了青铜器修复及复制技艺。故宫既传承传统技艺，也应用现代化科技，让青铜器文物恢复原貌，显现其历史、艺术、科学价值。

1 按照由大到小、由整体到局部的原则整理碎块，拼出器物大概的样子。

2 对一些变形的青铜器碎块进行整形。

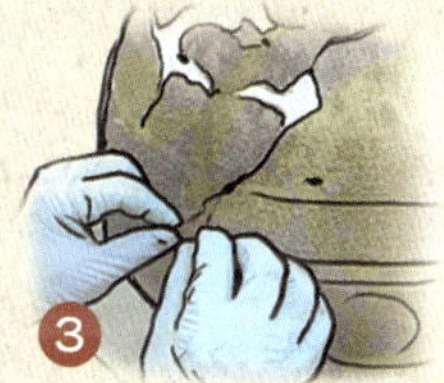

3 用锡焊或粘接的方法将碎块拼接在一起。

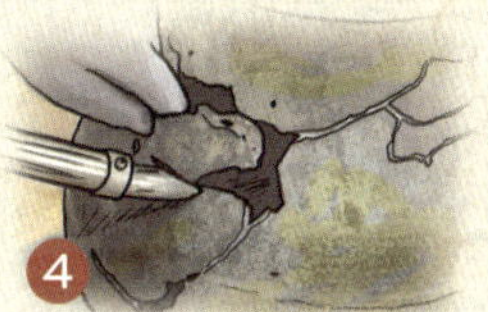

4 如果器物有缺失，可通过传统工艺或 3D 打印的方法制作补配所需的部分。

5 最后调出与青铜器表面锈蚀接近的颜色，使修复部位的颜色与原件相近。

古钟表修复过程

故宫博物院收藏的钟表文物大多有复杂的活动机械，修复起来十分考验工匠的技艺。故宫现有的古代钟表修复技术源于清宫做钟处，是唯一一项从清宫流传至今且从未间断的传统技艺。

1 拍照记录好原始情况后对钟表进行拆解。

2 浸泡机芯、清洗零部件。

3 修补有损伤的零件。

4 将清洗、修复好的零件重新组装，并不断调试，恢复其功能。

馆藏导览

故宫博物院占地超过 72 万平方米，有 980 多座古代建筑，收藏文物总数达百万件之多。文物类型丰富，包括书画碑帖、金玉陶瓷、漆器珐琅、丝织刺绣、中外钟表等各类艺术珍品。

外朝区域

紫禁城的建筑布局，承袭了明代南京皇宫，其外朝部分为皇帝举行大典、处理政务的空间，主体建筑是三大殿，东西两侧辅以文华殿、武英殿。

保和殿
武英殿
太和殿
太和门
中和殿
午 门
文华殿
文渊阁

各种釉彩大瓶

陶瓷馆设在武英殿内，展出从新石器时代到民国时期约一千件具有代表性的陶瓷藏品。

书画馆设在文华殿内，分期分批展出古书画，文华殿后还有清代藏书楼文渊阁。

文渊阁

内廷区域

中轴线北部为内廷，为皇帝、后妃的生活区，以后三宫为主体，左右辅以东西六宫及宁寿宫、慈宁宫等。

珍宝馆设在宁寿宫区，珍宝馆的 4 个展厅分别陈列珠宝、金银、玉石、盆景类文物，而养性殿、乐寿堂、颐和轩等建筑则为原状陈列。

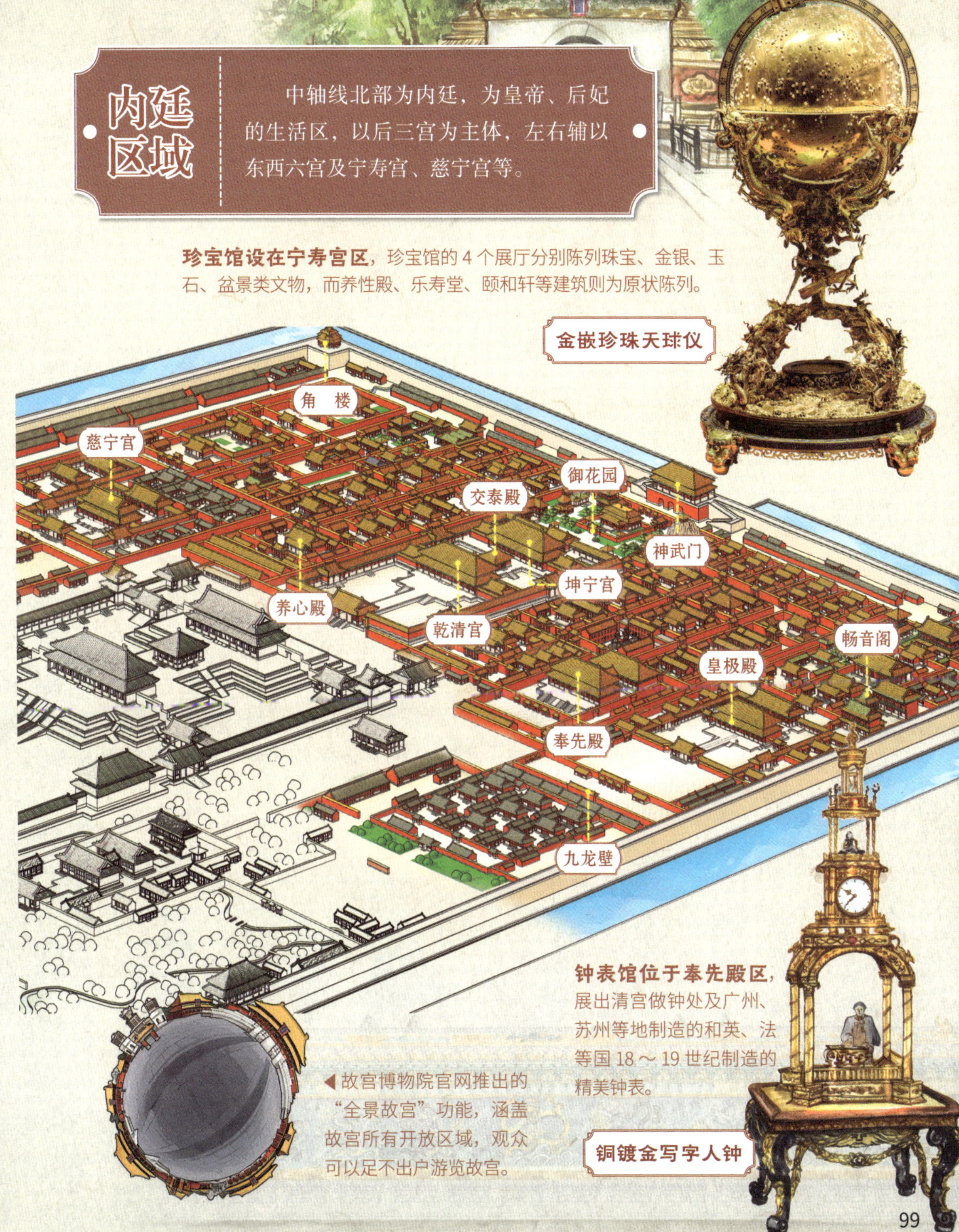

金嵌珍珠天球仪

钟表馆位于奉先殿区，展出清宫做钟处及广州、苏州等地制造的和英、法等国 18～19 世纪制造的精美钟表。

铜镀金写字人钟

◀故宫博物院官网推出的“全景故宫”功能，涵盖故宫所有开放区域，观众可以足不出户游览故宫。

人一生一定要看的博物馆
故宫
博物院
THE
PALACE
MUSEUM